PETIT TRAITÉ
D'INSTRUCTION
CIVIQUE

SUIVI D'EXEMPLES DE PATRIOTISME

PAR

J. CHAUMEIL,

Inspecteur primaire à Paris, Officier de l'Instruction publique
Chevalier de la Légion d'honneur.

PARIS

SOCIÉTÉ D'IMPRIMERIE ET LIBRAIRIE ADMINISTRATIVES ET CLASSIQUES
PAUL DUPONT, Éditeur
41, RUE JEAN-JACQUES-ROUSSEAU, 41

1885

Par le même Auteur : **Cours Moyen et Supérieur.**

PETIT TRAITÉ

D'INSTRUCTION

CIVIQUE

PETIT TRAITÉ
D'INSTRUCTION
CIVIQUE

SUIVI D'EXEMPLES DE PATRIOTISME

PAR

J. CHAUMEIL,

Inspecteur primaire à Paris, Officier de l'Instruction publique,
Chevalier de la Légion d'honneur.

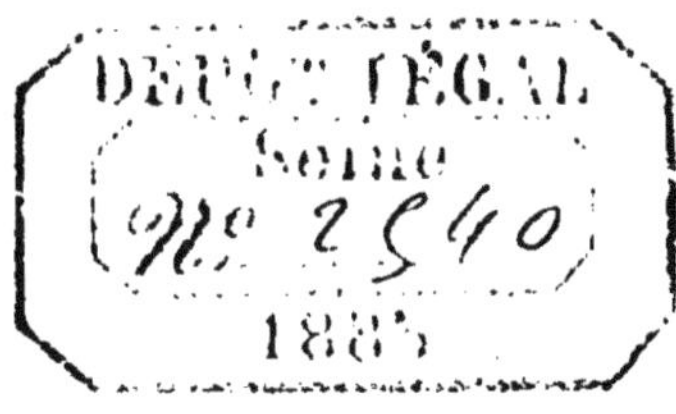

PARIS

SOCIÉTÉ D'IMPRIMERIE ET LIBRAIRIE ADMINISTRATIVES ET CLASSIQUES
PAUL DUPONT, Éditeur
41, RUE JEAN-JACQUES-ROUSSEAU, 41.

—

1885.

PRÉFACE

L'Instruction civique peut se diviser en deux parties : leçons de patriotisme et notions sur les institutions civiles et administratives de la France.

Les leçons de patriotisme trouvent naturellement leur place dans l'enseignement de l'histoire nationale et de la géographie de la France. Ces leçons ne sauraient être réduites en froides formules ; elles ne toucheront les élèves qu'autant qu'elles partiront d'un élan du cœur spontané et imprévu.

L'amour de la patrie n'est pas, à proprement parler, un objet d'enseignement, c'est un sentiment enthousiaste qui se transmet par tradition et se nourrit par des exemples et par des sacrifices. Celui qui a le plus souffert pour son pays, c'est celui qui l'aime le plus ; l'armée est la véritable école de patriotisme.

Les notions sur les institutions civiles et l'administration de la France ne doivent pas dégénérer en cours de droit administratif.

Les enfants quittent les écoles primaires de bonne heure ; ils ont beaucoup de chose à apprendre en peu de temps ; les livres à la fois succincts et sub-stantiels sont les meilleurs pour eux.

Le *Petit traité d'instruction civique*, avec les exemples de patriotisme qui le complètent, est suffi-sant, dans sa concision, pour les élèves des trois cours des écoles primaires. Si ces élèves le possèdent bien, ils seront en état de répondre à toutes les questions raisonnables sur la matière.

Le patriotisme tend à l'union de tous les Français, par conséquent l'instruction civique doit être séparée de tout enseignement qui peut diviser.

L'enseignement moral n'est pas compris de la même manière par toutes les religions et toutes les philosophies. Jamais on n'aboutira à rendre l'enseignement moral absolument indépendant de l'idée religieuse ou philosophique, et les disputes ne sont pas prêtes à finir sur ce terrain d'éternelles disputes.

Dans un but d'union de tous les bons Français, séparons l'enseignement civique de l'enseignement moral.

PETIT TRAITÉ

D'INSTRUCTION CIVIQUE

Mieux nous connaîtrons notre chère France, plus nous l'aimerons. Sa situation est des plus favorisées : beau climat, sol fertile, richesses naturelles considérables, sites variés, calmes et riants, sévères et grandioses.

La société française est polie, aimable et spirituelle, facile à émouvoir ; elle sympathise avec toutes les infortunes, adopte toutes les idées généreuses. Sa générosité lui a fait commettre bien des fautes ; mais nous serions désolés qu'elle se corrigeât tout à fait à cet égard : on n'est pas Français si l'on n'est pas généreux.

L'enseignement de la géographie de la France et de l'histoire nationale doit être la base de l'instruction civique ; mais il importe, comme le veulent les programmes officiels, de compléter l'enseignement de l'histoire et de la géographie par quelques notions sur l'administration et le gouvernement.

CHAPITRE PREMIER.

**La famille, la société, la patrie. — Le citoyen, ses droits
et ses devoirs.**

Le père, la mère, les enfants, voilà la première
société naturelle, appelée *famille*. Les membres de cette
société intime sont unis par les liens les plus forts :
l'amour, le dévouement, la reconnaissance, la communauté des joies et des peines, la solidarité de tous les
intérêts.

La famille fait la dignité de l'homme en donnant un
aliment à ses sentiments généreux, à son besoin d'aimer
et d'être aimé. Travailler pour les siens, s'oublier pour
eux, c'est s'élever au-dessus des instincts égoïstes, c'est
rechercher les satisfactions morales, et cette recherche
ennoblit l'âme.

La société augmente encore la dignité humaine. S'il
y a, en effet, moins d'égoïsme à travailler pour les siens
que p   soi seulement, l'horizon moral s'élargit encore
lorsqu'on se préoccupe du bonheur de ses compatriotes[1], de ses concitoyens[2].

La *patrie*, c'est le pays qui nous a vus naître, qui a

souri à nos premiers regards, qui, par des impressions particulières, a donné à nos facultés une direction caractéristique; c'est l'héritage de traditions, de langage, de coutumes, d'institutions protectrices que nous devons à nos pères. La patrie est le milieu physique et moral le mieux approprié à notre tempérament et à notre caractère, le plus favorable à notre bonheur et à l'accomplissement de notre destinée.

Les avantages que chacun de nous retire de la vie sociale, ou, pour mieux dire, les bienfaits de la patrie, sont inappréciables. Nous devons à la patrie la sécurité[3] pour nous, pour nos familles, pour nos biens. Nous lui devons le respect de notre honneur et de notre liberté, la civilisation qui a amélioré les conditions de la vie matérielle et morale.

Les membres actifs d'une société libre s'appellent *citoyens*.

Les citoyens prennent part directement ou par mandataires librement choisis au gouvernement de la société.

En dehors d'une société libre, il n'y a pas de citoyens.

Le citoyen disparaît aussi par perte ou abdication de ses droits politiques.

Le citoyen est à la fois homme public et simple particulier. Ses devoirs sont doubles et pour être honnête, il ne doit pas plus se désintéresser de la chose publique que de ses affaires personnelles; l'intérêt de la patrie doit même passer avant tout.

Les obligations de chacun envers la société consistent

à la défendre, à la servir, à vivre soumis aux lois et à respecter les pouvoirs publics régulièrement établis.

La liberté morale consiste à pouvoir faire tout ce qui ne nuit pas à autrui et qui ne blesse pas la conscience; la liberté civile, à pouvoir faire tout ce qui n'est pas défendu par les lois.

Tous les citoyens sont égaux devant la loi et également admissibles à toutes les dignités, places et emplois publics, selon leur capacité[4] et sans aucune distinction que celle de leurs vertus et de leurs talents.

La *fraternité* est le lien affectueux qui doit unir les membres d'une même société. La fraternité commande les égards réciproques, la bienveillance, l'assistance morale et matérielle.

LEXIQUE.

1. Compatriote. — Celui qui est du même pays, qui a la même patrie qu'un autre.

2. Concitoyen. — Qui est de la même ville, d'un même pays libre.

3. Sécurité. — Confiance, tranquillité d'esprit. N'avoir rien à redouter, être à l'abri de tout danger.

4. Capacité — Dimension intérieure, volume d'un corps; (au fig.) habileté, intelligence.

QUESTIONNAIRE.

Quelle est la première société naturelle? Quels sont les liens qui unissent les membres de cette société intime? En quoi consiste la liberté morale? la liberté civile? Qu'est-ce que la fraternité?

RÉPONSES AUX QUESTIONS.

La première société naturelle c'est la famille.

Les membres d'une famille sont unis par l'amour, le dévouement, la reconnaissance, la communauté des joies et des peines, la solidarité des intérêts.

La liberté morale consiste à pouvoir faire tout ce qui ne nuit pas à autrui et qui ne blesse pas la conscience.

La liberté civile consiste à pouvoir faire tout ce qui n'est pas défendu par les lois.

La fraternité est un sentiment sympathique qui nous fait regarder nos compatriotes comme des frères, qui nous porte à les aimer et à les obliger.

RÉDACTION FRANÇAISE.

Dire ce que c'est que la patrie. Quels sont les avantages que chacun de nous retire de la vie sociale et quelles sont nos obligations envers la société.

CHAPITRE II.

**L'impôt, le service militaire, l'obligation scolaire,
le suffrage universel.**

Les routes sont nécessaires pour aller d'un endroit à l'autre, pour faire venir les denrées[1] qui nous manquent, pour expédier celles que nous avons en surabondance. Nous ne dormirions pas en sécurité dans nos maisons, si les voleurs pouvaient nous y assiéger à chaque instant sans être inquiétés. L'instruction n'est plus le privilège de quelques favorisés de la fortune ; les portes des écoles sont ouvertes gratuitement à tous les enfants.

Mais pour établir des routes, construire des ponts, garantir la sécurité individuelle par une bonne police, pour faire rendre justice à chacun, pour bâtir des écoles et rétribuer des maîtres, il faut de l'argent. Il faut beaucoup d'argent pour entretenir les armées qui tiennent nos ennemis extérieurs en respect, qui sauraient garantir nos frontières[2] si elles étaient de nouveau menacées.

C'est par l'impôt que le gouvernement se procure les ressources nécessaires pour couvrir toutes ces dépenses.

Se récrier contre l'impôt, c'est parler en mauvais citoyen; s'y soustraire, c'est manquer à la probité. Il n'est pas juste de participer aux avantages d'une société sans avoir contribué à ses charges. Nous jouissons tous des avantages immenses de notre état social; l'impôt est pour tous une dette d'honneur.

Le service militaire est maintenant obligatoire pour tous les jeunes gens valides[3]. Cette loi paraît dure aux mères ; c'est un tort. D'abord la durée du service militaire a été réduite et elle le sera davantage lorsque les circonstances le permettront. Ensuite l'honneur est bien grand de servir son pays, de le protéger contre les ennemis extérieurs, de faire respecter les lois, d'assurer le triomphe du droit sur l'injustice.

Les femmes, même dans les conditions les plus modestes, sont accessibles au sentiment de l'honneur. Les mères des *vilains*[4] portaient envie, au moyen âge, aux mères des jeunes chevaliers nés soldats.

L'obligation du service militaire fait de tous les Français des hommes ennoblis par leur qualité de défenseurs de la patrie.

Obligation scolaire. — Le progrès des sciences et de l'industrie a transformé les conditions du travail et par conséquent de la vie.

Les travaux qui demandent une grande dépense de force physique[5] sont généralement aujourd'hui exécutés par des machines. La machine a émancipé[6] l'homme qui, désormais, doit plutôt faire effort d'intelligence qu'effort de muscles.

A la campagne, comme à la ville, un homme sans instruction est un véritable infirme. Il est dans des conditions d'infériorité à l'égard des hommes instruits et l'égalité civique est pour lui un vain mot.

La loi du 28 mars 1882 a transformé l'obligation morale du père de famille en obligation légale.

L'instruction primaire est obligatoire pour les enfants des deux sexes âgés de six ans révolus à treize ans révolus.

Lorsqu'un enfant se sera absenté de l'école quatre fois dans le mois, pendant une demi-journée, sans justification admise par la commission scolaire, le père, le tuteur ou la personne responsable sera passible de peines graduées : l'avertissement, l'affichage du nom à la porte de la mairie, l'amende, la prison.

La loi est-elle trop sévère pour le père de famille récalcitrant? Assurément non.

Si des parents rendaient leurs enfants infirmes par de mauvais traitements, la conscience publique se révolterait et réclamerait l'intervention de la loi pour protéger ces malheureux enfants. Mais l'ignorance est la pire des infirmités à notre époque de civilisation générale. Ne pas envoyer un enfant à l'école, c'est le condamner à une infériorité qui rendra son existence misérable.

L'ignorance ôte le pouvoir de faire le bien, mais non celui de faire le mal. L'ignorant peut devenir dangereux pour la société. La loi sur l'obligation de l'enseignement est donc une loi de défense sociale ; aucune loi n'est plus légitime.

Suffrage universel. — L'égalité civile et politique, base du droit moderne, comporte le droit pour tous les citoyens de prendre part aux affaires publiques, sinon directement, du moins par mandataires.

Le choix des mandataires s'appelle *élection.*

Le suffrage universel n'est autre chose que le droit pour tous les citoyens âgés de vingt et un ans de prendre part aux élections.

La souveraineté nationale, c'est-à-dire le droit suprême duquel découlent tous les pouvoirs publics, se manifeste par le suffrage universel direct ou indirect.

Lorsqu'un électeur vote, il accomplit un acte des plus graves de la vie politique. Cet acte doit être mûrement réfléchi et considéré comme une affaire importante.

Dans les affaires importantes, tous les membres de la famille qui peuvent donner un avis sérieux sont consultés.

Lorsqu'on délibérera sur une question de vote comme sur un intérêt de famille, il n'y aura pas de mauvaises élections.

LEXIQUE.

1. Denrées. — Toutes sortes de marchandises servant à la consommation.

2. Frontières. — Limites qui séparent un État d'un autre État ; une province limitrophe d'un État.

3. Valides. — Être sain, vigoureux, exempt de toute infirmité qui rendrait impropre au service.

1.

4. Vilains. — Se disait autrefois d'un paysan, d'un roturier, c'est-à-dire de celui qui n'était pas noble.

5. Physique. — Science des choses naturelles, propriétés des corps; force physique veut dire forces naturelles.

6. Émancipé. — C'st-à-dire être hors de tutelle, libre de ses actions.

QUESTIONNAIRE.

Que faut-il pour construire les routes, garantir la sécurité individuelle, rendre la justice à chacun, bâtir des écoles, entretenir des armées ? Comment le gouvernement se procure-t-il les ressources nécessaires pour couvrir toutes ces dépenses ? Pourquoi ne devons-nous pas nous récrier contre l'impôt ? Par quoi sont exécutés maintenant, les travaux qui demandent une grande dépense de force physique? Qu'est-ce que le suffrage universel? Qu'est-ce que la souveraineté nationale ? Comment doit-on considérer l'acte important du vote ?

RÉPONSES AUX QUESTIONS.

Pour construire les routes, garantir la sécurité individuelle, rendre la justice à chacun, bâtir des écoles, entretenir des armées, il faut dépenser beaucoup d'argent.

Le gouvernement ne peut se procurer cet argent que par l'impôt. L'impôt est par conséquent établi dans l'intérêt de tous; ce serait faire acte de mauvais citoyen de se récrier contre l'impôt.

On appelle contributions directes, l'impôt sur les terres et les immeubles ; contributions indirectes, l'impôt sur les marchandises et les objets de consommation ; droits d'octroi, les droits d'entrée perçus pour le compte des villes.

Les machines font concurrence à l'ouvrier pour le travail matériel ; pour n'avoir pas à souffrir de cette concurrence, il est nécessaire qu'il cultive son intelligence.

Le droit de vote, c'est-à-dire le droit d'exercer une influence sur les destinées et sur les affaires de son pays est la plus haute prérogative d'un homme libre.

RÉDACTION FRANÇAISE.

Écrivez à un de vos camarades qui manque souvent l'école pour lui démontrer que l'ignorance est la pire des infirmités à notre époque de civilisation générale, que manquer l'école, c'est se condamner à une infériorité qui rendra son existence misérable.

CHAPITRE III.

La *commune* est une division territoriale[1] administrée
par un maire et un conseil municipal.

Les habitants d'une commune ont des intérêts communs qui les rapprochent, qui en forment une petite
société, intermédiaire entre la famille et la patrie.

Les habitants d'une même commune sont généralement élevés dans la même école ; ils ont les mêmes lieux
de réunion, les mêmes traditions locales, des habitudes
analogues et des traits communs dans le caractère,
comme une certaine uniformité dans le costume. Le
rapprochement pendant la vie et même après la mort
éveille la sympathie qui devient, en s'agrandissant, le
lien national.

La première idée de gouvernement, de vie sociale, de
devoirs civiques, se puise dans l'administration communale.

Une commune bien administrée a des chemins vicinaux[2] bien entretenus, des écoles en nombre suffisant

pour la population, des fontaines et des lavoirs bien installés ; la propreté et la décence règnent partout ; la propriété est respectée ; la liberté n'engendre pas le désordre ; les charges des contribuables[3] sont modérées.

Le gouvernement de la commune, c'est le *maire* et le *conseil municipal.*

Tout électeur municipal âgé de vingt-cinq ans et domicilié dans la commune est éligible. Les conseils municipaux sont élus pour trois ans. Ils élisent le maire et les adjoints parmi leurs membres.

Les *maires* et, par délégation, leurs adjoints, sont à la fois agents du pouvoir central et magistrats municipaux. Ils font exécuter les lois, règlements et décisions de l'autorité supérieure. Ils constatent les naissances, les décès et procèdent aux mariages. Les actes dressés dans ces trois circonstances constituent l'*état civil.*

Une déclaration et une présentation doivent être faites à la mairie dans les trois jours qui suivent la naissance d'un enfant, sous peine d'amende.

Les enfants ne se marient qu'avec le consentement de leurs parents. Des publications doivent précéder de dix jours la célébration du mariage.

Les décès sont déclarés par deux témoins à l'officier de l'état civil, qui doit s'assurer du décès avant d'en dresser acte et d'autoriser l'inhumation.

Les maires constatent par des actes appelés procès-verbaux toutes les infractions[4] aux lois. Ils peuvent faire des règlements de police et de voirie. Ils sont chargés de la gestion des revenus communaux, de la conservation et de l'administration des propriétés communales, de la surveillance de tous les établissements municipaux, de la représentation de la commune dans toutes les circonstances où les intérêts municipaux sont engagés.

Le *conseil municipal* règle le mode d'administration et de jouissance des biens communaux. Il vote des acquisitions d'immeubles ; consent des baux à loyer ; délibère sur l'établissement de foires et marchés, sur le budget des recettes et dépenses communales et les comptes présentés par le maire.

Le *budget* est l'état des recettes et des dépenses communales dressé chaque année pour l'année suivante. Ce travail de prévision porte les municipalités à mesurer les dépenses aux recettes pour ne pas tomber dans des embarras financiers.

Tous les chefs de famille devraient faire leur *budget*, c'est-à-dire régler à l'avance leurs dépenses sur les ressources probables dont elles pourront disposer. Lorsqu'on dépense sans compter, qu'on empiète un mois sur les ressources du mois suivant, une année sur l'année suivante, la maison ne peut manquer de crouler.

Les fonctions de maire, d'adjoint et de conseiller municipal demandent des lumières et surtout du bon sens et du dévouement.

Les affaires communales prennent du temps, exigent des soins, et ne donnent d'autre rétribution à ceux qui en sont chargés que la reconnaissance publique.

Il ne faut pas marchander notre reconnaissance aux hommes qui s'occupent avec sollicitude et gratuitement des intérêts généraux de la commune ; il faut les respecter et les honorer.

C'est une ingratitude de ne pas renouveler un mandat qui a été bien rempli ; d'ailleurs un homme rompu aux affaires vaut mieux que celui qui est à former.

La commune la mieux administrée est celle qui change le moins souvent de maire et de conseillers municipaux.

Dans les petites communes, il n'y a d'autre force publique que le *garde champêtre* qui, sous l'autorité du maire, fait respecter la propriété rurale et constate tous les délits.

Le moindre agent de la loi doit être respecté ; loin de porter atteinte à notre liberté, il l'assure. Ceux que la police gêne n'ont pas l'intention de bien faire.

La *commission municipale scolaire*, composée du maire, d'un représentant de l'administration académique, d'un délégué cantonal et de membres désignés par le conseil municipal, surveille et encourage la fréquentation des écoles, inflige des pénalités morales aux parents qui n'observent pas la loi sur l'obligation de l'enseignement et renvoie devant le juge de paix les récidivistes endurcis.

Les enfants qui attireraient, par leur faute, des désagréments à leurs parents, seraient des enfants dénaturés.

Nous trouvons dans la commune trois pouvoirs : le pouvoir *délibératif* résidant dans le conseil municipal; le pouvoir *exécutif* dévolu au maire ; un pouvoir de *police judiciaire* également exercé par le maire. La connaissance des pouvoirs locaux nous permettra de bien faire saisir le jeu des grands rouages administratifs.

LEXIQUE.

1. Territoriale. — Qui concerne le sol, la terre, le pays.

2. Vicinaux. — De voisinage. — Chemins vicinaux, chemins qui mettent plusieurs villages en communication.

3. Contribuables. — Ceux qui payent des impôts.

4. Infraction. — Violation, désobéissance. — Enfreindre une loi c'est ne pas faire ce qu'elle ordonne ou faire ce qu'elle défend.

5. Gratuitement. — Sans frais, sans qu'il en coûte rien.

QUESTIONNAIRE.

Qu'est-ce qu'une commune ? Qu'est-ce qui produit le lien national ? Où se puise la première idée de gouvernement, de vie sociale ? A quoi reconnaît-on qu'une commune est bien administrée ? Quel est le gouvernement d'une commune ? Quelles sont les différentes attributions du maire et du conseil municipal ? Qu'est-ce que le budget ? De qui se compose la commission scolaire ? Quelle est sa mission ? Combien trouvons-nous de pouvoirs dans la commune ?

RÉPONSES AUX QUESTIONS.

La commune est une division territoriale administrée par un maire et un conseil municipal.

La commune est un premier groupement d'intérêts communs qui rapproche les familles, qui engendre des sympathies, qui prépare des rapprochements plus considérables en vue d'intérêts plus généraux, et fait naître l'esprit national fondé sur la sympathie et la solidarité de tous les Français.

La commune a un pouvoir délibératif, le conseil municipal, et un pouvoir exécutif, le maire. C'est l'image de l'État.

Le conseil municipal vote le budget, c'est-à-dire l'état des recettes et des dépenses communales prévues pour l'année suivante.

Le maire fait exécuter les délibérations du conseil municipal approuvées par l'autorité supérieure.

La commission scolaire, composée du maire, d'un représentant de l'administration académique, d'un délégué cantonal et de membres désignés par le conseil municipal, est chargée de faire exécuter la loi sur l'obligation de l'enseignement.

RÉDACTION FRANÇAISE.

Dire quelles sont les qualités que demandent les fonctions de maire, d'adjoint et de conseiller municipal. Quels sont nos devoirs envers eux et comment nous devons leur prouver notre reconnaissance.

CHAPITRE IV.

Le canton et l'arrondissement.

Le *canton* n'est ni une circonscription politique ni une circonscription administrative, c'est un ressort de justice de paix.

Le *juge de paix*, comme son nom l'indique, a pour principale mission de ramener la paix entre les particuliers divisés par un différend[1]. Il doit chercher à éteindre les procès en conciliant les parties.

Il juge certaines affaires en dernier ressort, lorsque la demande ne dépasse pas cent francs. Il statue, à charge d'appel, sur des causes dont le litige va jusqu'à quinze cents francs.

Le juge de paix préside les conseils de famille qui ont à délibérer sur les intérêts des enfants mineurs. Il est chargé d'apposer et de lever les scellés. Il peut être appelé à diriger des enquêtes administratives.

Comme on le voit, les attributions des juges de paix ne sont pas purement judiciaires, c'est pourquoi ces magistrats ne jouissent pas de l'inamovibilité des autres juges.

Le chef-lieu de canton est généralement le centre de population le plus important de la circonscription.

C'est au chef-lieu de canton que se trouvent d'ordinaire le bureau de la poste et du télégraphe[2], le bureau de l'enregistrement et des domaines, l'étude du notaire, celle de l'huissier, le bureau du percepteur des contributions directes, le bureau du receveur des droits réunis, une brigade de gendarmerie.

Les *gendarmes* sont chargés de prêter main-forte aux autorités constituées pour faire respecter la loi, pour assurer le maintien de l'ordre et le rétablir au besoin, pour rechercher et appréhender[3] les malfaiteurs et les criminels.

La gendarmerie est un corps d'élite recruté parmi les militaires d'une conduite irréprochable, d'une tenue exemplaire, d'un patriotisme éprouvé.

L'uniforme du gendarme effrayait autrefois les enfants ; il leur apparaît aujourd'hui comme le symbole de la vigilance tutélaire de la loi et de la patrie.

Les enfants des écoles et leurs maîtres sont l'objet de la sollicitude particulière d'un certain nombre d'hommes instruits et dévoués appelés *délégués cantonaux*.

Les délégués cantonaux sont les mandataires du Conseil départemental de l'instruction publique. Ils visitent les écoles, constatent les résultats obtenus, encouragent les élèves, signalent à l'autorité supérieure les maîtres les plus méritants, prennent part aux examens du certificat d'études primaires et aux travaux des commissions scolaires des communes pour lesquelles ils sont désignés.

Un canton peut n'être composé que d'une seule commune. Il y a même plusieurs cantons dans les grandes villes qui ne constituent jamais qu'une commune.

L'ARRONDISSEMENT est une subdivision administrative et un ressort judiciaire de première instance.

Un *sous-préfet* administre l'arrondissement, sous l'autorité du préfet administrateur de tout le département.

Le sous-préfet est assisté du conseil d'arrondissement, composé d'autant de membres qu'il y a de cantons ; si l'arrondissement ne compte pas neuf cantons, les cantons les plus populeux nomment deux membres.

La principale attribution de ce conseil est de répartir entre les communes le contingent d'impôts assigné à l'arrondissement par le conseil général.

Les tribunaux de première instance se composent au moins d'un président, de deux juges, d'un procureur de la République et de son substitut, d'un greffier et d'un commis-greffier.

Les tribunaux de première instance connaissent de toutes les affaires civiles, avec ou sans appel, suivant leur importance ; des délits et contraventions pouvant entraîner des peines correctionnelles ; des affaires commerciales, en l'absence des tribunaux de commerce.

Les procès font vivre tout un monde d'avocats, d'avoués et d'huissiers ; mais ils ruinent les plaideurs.

La passion de plaider a des rapports avec la passion du jeu. On risque souvent un procès sur de simples apparences de droit ; on fait fond sur l'habilité d'un avoué et le talent de parole d'un avocat ; on a vu de mauvaises causes gagnées ; une heureuse chance n'est pas impossible. On hasarde sa fortune et son repos, et souvent repos et fortune disparaissent dans une lutte imprudemment engagée. *Un mauvais arrangement vaut mieux qu'un bon procès.*

Dans chaque arrondissement, il y a au moins un inspecteur primaire chargé, sous l'autorité de l'inspecteur d'académie, de faire observer les règlements scolaires, de diriger les instituteurs et les institutrices dans l'application des bonnes méthodes d'enseignement, de constater les résultats obtenus, d'encourager le zèle et de stimuler la tiédeur.

L'inspecteur est un ami éclairé plutôt qu'un juge redoutable pour les élèves des écoles, et un conseiller bienveillant plutôt qu'un censeur sévère pour les maîtres qu'il doit soutenir lorsqu'ils sont injustement attaqués.

LEXIQUE.

1. **Différend.** — Objet d'un débat, d'une contestation.

2. **Télégraphe.** — Appareil pour transmettre rapidement les nouvelles à de grandes distances.

3. **Appréhender.** — Saisir pour mettre en prison. — Au figuré, ce mot signifie craindre.

4. **Procès.** — Instance devant un juge sur un différend entre deux ou plusieurs parties.

QUESTIONNAIRE.

Qu'est-ce qu'un canton ? Quelle est la principale mission du juge de paix ? Quelles sont les attributions des gendarmes ? Que sont les délégués cantonaux ? Qu'est-ce qu'un arrondissement ? Par qui est-il administré ? Par qui est assisté le sous-préfet ? Quelles sont les principales attributions du conseil d'arrondissement ? Comment sont composés les tribunaux de première instance ? Quelles sont les attributions de l'inspecteur primaire ?

RÉPONSES AUX QUESTIONS.

Un canton est une circonscription de justice de paix.

La principale mission d'un juge de paix est de concilier les parties et d'éteindre les procès.

Les délégués cantonaux sont des personnes notables inspectant les écoles du canton au nom du conseil départemental de l'instruction publique.

L'arrondissement est une subdivision administrative du département administrée par un sous-préfet.

Le conseil d'arrondissement a pour principale attribution de répartir entre les communes le contingent d'impôts assigné à l'arrondissement.

Les conseillers d'arrondissement sont électeurs sénatoriaux.

Les tribunaux d'arrondissement sont dits *de première instance*, parce qu'on peut faire appel de la plupart de leurs décisions.

Ils sont composés au moins d'un président, de deux juges et d'un greffier.

Auprès de chaque tribunal siège le ministère public : le procureur de la République ou son substitut.

L'inspecteur primaire surveille les écoles et dirige le personnel enseignant de sa circonscription, au nom de l'État.

CHAPITRE V.

Le département.

———

Chacune des quatre-vingt-six grandes divisions du territoire français, administrée par un préfet, s'appelle *département*.

Le préfet est nommé par le Président de la République, sur la proposition du ministre de l'intérieur.

Il est le représentant le plus élevé du pouvoir exécutif, l'intermédiaire[1] entre le gouvernement et les citoyens. Il dirige ou contrôle presque tous les services publics. Il nomme les employés payés sur les fonds départementaux. Il prend des arrêtés pour assurer le respect de la loi et la sécurité publique. Il peut requérir la force armée lorsque l'ordre est menacé. Il préside le conseil de revision, dont les décisions font battre le cœur des mères. Il est chargé de préparer le budget départemental et d'exécuter les décisions du conseil général.

Le département est, comme la commune, une personne civile, c'est-à-dire qu'il peut *posséder* et par suite acquérir, vendre, recevoir des legs, revendiquer ses droits en justice. Il est représenté par le préfet dans ces différents actes.

Le préfet préside le *conseil de préfecture*, tribunal administratif dont la principale attribution est de juger les réclamations des particuliers en matière de contributions directes et de prestations.

Le *conseil général* est à peu près pour le département ce qu'est le conseil municipal pour la commune.

Il vote le budget départemental; il peut voter des emprunts remboursables en quinze années. Il décide la création et l'amélioration de tous les établissements publics relevant du département. Il statue sur les questions de classement, déclassement et redressement des chemins de grande communication et d'intérêt commun. Il répartit les secours et subventions alloués par l'État.

Le conseil général est composé d'autant de membres qu'il y a de cantons.

Les membres du conseil général sont élus pour six ans; le renouvellement a lieu tous les trois ans par moitié.

Les conseils généraux tiennent deux sessions [2] ordinaires; la première s'ouvre le premier lundi qui suit le 15 août; la deuxième, le second lundi qui suit le jour de Pâques.

Dans l'intervalle des sessions, le conseil général est représenté auprès du préfet par une *commission de permanence* composée ordinairement d'autant de membres que d'arrondissements.

Cours d'assises. — C'est au chef-lieu de chaque dépar-

tement que se tiennent les assises pour juger les individus accusés de faits qualifiés crimes par la loi et de certains délits de presse.

Les assises sont tenues par un président, toujours
membre de la cour d'appel, deux assesseurs[3], juges du
tribunal ou conseillers de la cour d'appel, un membre
du parquet chargé de soutenir l'accusation, douze jurés
décidant de la culpabilité[4] ou de la non-culpabilité.

Les jurés sont de simples particuliers, n'ayant pour
la plupart fait aucune étude spéciale du droit.

L'institution du jury est l'hommage le plus éclatant
rendu au bon sens public et à la conscience humaine.

Cours d'appel. — Dans les villes autrefois chefs-lieux
de province, des *cours d'appel* ont remplacé les anciens
parlements.

Les cours d'appel, au nombre de vingt-six, sont composées d'un premier président, d'au moins trois présidents de chambres et d'un nombre de juges appelés
conseillers, qui n'est jamais inférieur à vingt.

Le ministère public est représenté par un *procureur
général* chef hiérarchique de tous les membres des par-
quets du ressort, par des avocats généraux et des subs-
tituts du procureur général.

Ces tribunaux supérieurs jugent les appels des décisions rendues en première instance par les tribunaux
ordinaires et les tribunaux de commerce de la circonscription.

Inspection académique. — Dans chaque département

un inspecteur d'académie est chargé, sous l'autorité du recteur[5], de surveiller l'enseignement secondaire (lycées et collèges) ; sous l'autorité du préfet, de diriger l'enseignement primaire. Les fonctions d'inspecteur d'académie sont des plus délicates.

Académies universitaires. — Il y a des provinces universitaires, comme des provinces judiciaires.

Les provinces universitaires sont appelées académies.

Les chefs-lieux des seize académies sont : Paris, Aix, Besançon, Bordeaux, Caen, Chambéry, Clermont, Dijon, Douai, Grenoble, Lyon, Montpellier, Nancy, Poitiers, Rennes, Toulouse. L'Algérie forme une dix-septième académie.

L'autorité du recteur, chef de l'académie, s'étend aux trois ordres d'enseignement : enseignement supérieur (facultés) ; enseignement secondaire (lycées et collèges) ; enseignement primaire, le seul que la plupart de nos lecteurs recevront.

On appelle encore académies des compagnies de savants ou de littérateurs.

Administrations diverses. — Chaque département a une direction d'enregistrement et des domaines, une direction des contributions directes et indirectes, une trésorerie générale, un bureau des ponts et chaussées dirigé par un ingénieur en chef, un corps d'agents voyers, une sous-intendance militaire.

LEXIQUE.

1. Intermédiaire. — Qui est au milieu, qui établit un rapprochement, qui met en rapport.

2. Session. — Temps pendant lequel une assemblée est réunie.

3. Assesseur. — Adjoint à un juge, à un magistrat, à un président de bureau.

4. Culpabilité. — État de celui qui a commis une faute grave, un délit, un crime.

Décider de la culpabilité, déclarer coupable ou innocent.

5. Recteur. — Fonctionnaire placé à la tête d'une académie universitaire.

QUESTIONNAIRE.

Qu'est-ce qu'un département ? Qu'est-ce qu'un préfet ? Quelle est sa mission ? Qu'est-ce que le conseil général ? Quelles sont ses attributions ? Combien tiennent-ils de sessions ordinaires ? Par qui est représenté le conseil général dans l'intervalle des sessions ? Où se tiennent les assises ? Comment sont-elles composées ? Par qui est représenté le ministère public ? Qu'est-ce qu'un inspecteur d'académie ? Combien y a-t-il de provinces universitaires ? Qu'appelle-t-on encore académies ?

RÉPONSES AUX QUESTIONS.

Un département est une des 86 grandes divisions du territoire français, un groupe administratif ayant des intérêts communs et des charges particulières.

Le préfet est l'administrateur du département. Il dirige ou

contrôle presque tous les services publics. Il est pour le département ce que le maire est pour la commune.

Le conseil général remplit dans le département le rôle que le conseil municipal remplit dans la commune. Il est composé d'autant de conseillers qu'il y a de cantons. Les conseillers généraux sont électeurs sénatoriaux.

Le conseil général vote le budget départemental, et fait surveiller, hors sessions, l'exécution de ses délibérations par une commission permanente.

Les assises, jugeant au criminel et connaissant de certains délits de presse, se tiennent généralement au chef-lieu du département. Siègent aux assises : un magistrat de la cour d'appel, président ; deux juges assesseurs ; un membre du parquet ; un greffier ; douze jurés.

L'inspecteur d'académie est le chef de service de l'instruction publique dans le département.

Les provinces universitaires appelées académies, ayant à leur tête le recteur, sont au nombre de seize.

On appelle encore académies, des compagnies de savants ou de lettrés. Les académies les plus célèbres sont : l'Académie française ; l'Académie des sciences ; l'Académie des inscriptions et belles-lettres ; l'Académie des sciences morales et politiques ; l'Académie des beaux-arts. Ces cinq académies, qui ont leur siège à Paris, forment l'Institut de France.

CHAPITRE VI.

L'État, la Constitution, le Président de la République, Le pouvoir législatif

L'*État*, c'est la nation considérée comme corps social organisé et indépendant.

La commune et le département sont de petites sociétés organisées, mais elles reçoivent la loi d'un pouvoir supérieur aux autorités locales; elles ne sont pas indépendantes, voilà en quoi elles diffèrent de l'État.

Les nations, personnes politiques, ont, comme les individus, le devoir de vivre. C'est de ce devoir primordial[1] que découlent les principaux droits de l'État sur les citoyens.

La *Constitution* est la loi politique fondamentale qui détermine le caractère du gouvernement et les attributions des pouvoirs publics.

Les lois constitutionnelles qui nous régissent sont au nombre de trois : loi du 25 février 1875 relative à l'organisation des pouvoirs publics; loi du 24 février 1875 relative à l'organisation du Sénat[2]; loi du 16 juillet 1875 sur les rapports des pouvoirs publics.

2.

Le *Président de la République* est le chef de l'État.

Il est élu à la majorité absolue des suffrages par le Sénat et par la Chambre des députés réunis en *Assemblée nationale*. Il est nommé pour sept ans et rééligible. Il a l'initiative des lois, concurremment avec les membres des deux Chambres. Il promulgue[3] les lois lorsqu'elles ont été votées par les deux Chambres; il en surveille et assure l'exécution. Il a le droit de faire grâce. Il dispose de la force armée. Il nomme à tous les emplois civils et militaires. Il préside aux solennités nationales.

Les envoyés et ambassadeurs[4] des puissances étrangères sont accrédités auprès de lui.

Il peut, sur l'avis conforme du Sénat, dissoudre[5] la Chambre des députés avant l'expiration légale de son mandat.

Il n'est responsable que dans le cas de haute trahison.

Pouvoir législatif. — Le pouvoir législatif, c'est-à-dire le pouvoir de faire des lois, s'exerce par deux assemblées : la Chambre des députés et le Sénat.

La *Chambre des députés* se compose d'environ cinq cent cinquante-cinq membres élus pour quatre ans, au scrutin uninominal, par le suffrage universel.

Chaque arrondissement de moins de cent mille habitants n'élit qu'un député. Les arrondissements de plus de cent mille habitants sont partagés en circonscriptions électorales de cent mille habitants qui élisent chacune un député.

Sont éligibles tous les électeurs âgés de vingt-cinq ans qui ne remplissent aucune fonction reconnue par la loi incompatible avec le mandat de député.

La Chambre des députés délibère sur toutes les lois d'intérêt général et d'intérêt local.

Les lois de finances doivent être, en premier lieu, présentées à la Chambre des députés.

Le *Sénat* se compose de trois cents membres : deux cent vingt-cinq élus par les départements proportionellement à leur population et soixante-quinze inamovibles.

Les soixante-quinze sénateurs inamovibles ont été élus une première fois par l'Assemblée nationale constituante.

L'inamovibilité a été supprimée. Les sénateurs inamovibles seront remplacés par des sénateurs départementaux, au fur et à mesure des extinctions.

Les sénateurs des départements, sont élus à la majorité absolue des suffrages et au scrutin de liste par un collège réuni au chef-lieu du département et composé : des députés, des conseillers généraux, des conseillers d'arrondissement, des délégués élus par les conseils municipaux.

Le Sénat concourt au même titre que la Chambre des députés, à la confection des lois.

Le Sénat peut être constitué en Cour de justice pour juger soit le Président de la République, soit les ministres, et pour connaître des attentats commis contre la sûreté de l'État.

Le *Parlement*, appellation qui désigne les deux

Chambres, exerce son action et son contrôle sur l'administration intérieure du pays et sur les rapports avec les puissances étrangères, en manifestant sa volonté, sa confiance ou sa désapprobation à l'égard de la politique suivie par les ministres. L'assentiment du Parlement est nécessaire pour rendre exécutoires les traités de paix, de commerce et tous les traités qui engagent les finances, la sécurité ou l'honneur de la nation.

Les membres des deux Chambres représentent la nation ; ils ne doivent pas se considérer comme les mandataires exclusifs des collèges électoraux qui les ont nommés. L'intérêt général du pays doit primer tous les intérêts particuliers.

Les électeurs qui sollicitent sans cesse, députés et sénateurs, pour des intérêts de clochers ou des ambitions personnelles, sont des égoïstes qui n'aiment pas la noble patrie française.

Le meilleur député n'est pas celui qui arrache le plus de faveurs aux ministres : mais celui qui soutient la politique la plus favorable aux grands intérêts du pays, politique qui a pour critérium la stabilité ministérielle.

LEXIQUE.

1. Primordial. — Le premier en ordre, le plus ancien, le plus important.

2. Sénat. — Assemblée délibérante qui forme le premier corps de l'État en France. — Sénat vient d'un mot latin qui

signifie *vieillard*; mais le Sénat n'est pas une assemblée de
vieillards puisqu'on est éligible à quarante ans.

3. Promulguer. — Publier une loi avec les formalités requises.

4. Ambassadeur. — Fonctionnaire chargé de représenter
un gouvernement auprès d'un gouvernement étranger.

5. Dissoudre. — Séparer, désassocier. — Dissoudre une
assemblée, mettre fin à son mandat.

QUESTIONNAIRE.

Qu'est-ce que l'État? Quel est le chef de l'État? Comment est-il
élu? Quels sont ses pouvoirs? De combien de membres se compose
la Chambre des députés? De combien de membres est composé le
Sénat? Qu'appelle-t-on Parlement? Quels sont les pouvoirs du Parlement? Comment doit-on considérer un électeur qui sollicite pour
des intérêts de clochers ou des ambitions personnelles? Quel est le
meilleur député?

RÉPONSES AUX QUESTIONS.

L'État c'est l'ensemble des citoyens considéré comme un corps
politique. — On désigne aussi par le mot État, l'étendue de pays
soumise à une seule souveraineté politique. Exemple : Un grand
État, un petit État.

Le chef de l'État en France est le Président de la République,
élu pour sept ans par le Sénat et la Chambre des députés réunis
en Assemblée nationale.

Le Président de la République promulgue les lois, nomme les
ministres et tous les fonctionnaires supérieurs de l'ordre civil et
militaire. — Il a le droit de faire grâce. — Il personnifie la puissance publique.

La Chambre des députés se compose d'environ 555 membres ;
le Sénat, de 300 membres. Les deux assemblées discutent et

votent les projets de lois qui leur sont soumis par le gouvernement, ou dont elles ont pris l'initiative.

La loi est le lien social, la voix de la patrie qui nous commande ce qui est utile au bien général et nous défend ce qui est
nuisible.

Les législateurs, c'est-à-dire les membres du Parlement, qui
détiennent l'autorité souveraine, ne doivent pas abaisser cette
autorité à la poursuite d'intérêts particuliers ou d'ambitions personnelles.

Les électeurs doivent préférer les candidats intègres aux candidats complaisants,

L'électeur qui spécule sur son suffrage trahit la patrie.

RÉDACTION FRANÇAISE.

Dire ce que c'est qu'un État, la différence qu'il y a entre
État, la commune, le département et quel est le premier
devoir des nations.

CHAPITRE VII.

Le pouvoir exécutif ou gouvernement

Le *pouvoir exécutif* est chargé de faire exécuter les lois, de gouverner, de veiller au maintien de l'ordre et de la tranquillité publique, de nommer aux fonctions publiques, de mettre en mouvement les forces de terre et de mer, d'entretenir des relations avec les puissances étrangères.

Le pouvoir exécutif ne doit pas être dans les mêmes mains que le pouvoir législatif, parce que la puissance législative, en présence des difficultés de l'exécution, serait portée à faire des lois pour chaque circonstance et à tomber ainsi dans l'arbitraire.

Le Président de la République est le chef du pouvoir exécutif, mais son irresponsabilité fait retomber tout le poids du gouvernement sur les ministres solidairement responsables devant les Chambres de la politique générale et individuellement de leurs actes personnels.

Chaque grande branche de l'administration est dirigée par un ministre.

Le ministre de l'Instruction publique et des Beaux-Arts est chargé de veiller à tous les intérêts de l'éducation intellectuelle et artistique [1] de la nation.

Le ministre de l'Intérieur dirige l'administration départementale et communale et la police générale.

Le ministre de la Guerre s'occupe des armées de terre, et le ministre de la Marine, des forces de mer.

Le ministre des Finances prépare le budget de l'État, fait opérer par ses agents la rentrée des impôts votés par les Chambres, assure le payement des intérêts de la dette publique et des autres dépenses prévues au budget.

Le ministre de la Justice, appelé aussi Garde des sceaux, veille à la promulgation des lois et choisit les magistrats de l'ordre judiciaire

Le ministre des Affaires étrangères, chef du corps diplomatique, dirige la politique extérieure.

Le ministre des Travaux publics a dans ses attributions [2] les travaux et l'administration des ponts et chaussées et des mines.

Le ministre du Commerce s'occupe des encouragements au commerce et à l'industrie, de la préparation des traités de commerce, de la statistique commerciale et industrielle, de la délivrance des brevets d'invention, des écoles d'arts et métiers.

Le ministre de l'Agriculture a dans ses attributions : l'Institut agronomique [3], les écoles d'agriculture, les fermes-écoles, les écoles vétérinaires, les écoles forestières, l'organisation des concours agricoles, la dispensation des secours, encouragements et récompenses à l'agriculture.

Les ministres forment un conseil de gouvernement, *Le ministre président du conseil* dirige la politique générale du cabinet.

On voit par les attributions des ministres que la sollitude du gouvernement s'étend à tous les intérêts de la nation.

Mais le gouvernement ne saurait être rendu responsable d'un certain ordre d'événements, par exemple de la cherté de la vie résultant des mauvaises récoltes, du ralentissement des affaires, conséquence de la diminution des produits agricoles. Les hommes d'État ne gouvernent pas les phénomènes atmosphériques ; ils ne peuvent pas faire non plus que l'aisance s'acquière sans travail, que le bonheur accompagne la paresse et l'inconduite.

LEXIQUE.

1. Artistique. — Tout ce qui a rapport aux arts. — Qui est conforme aux règles de l'art.

2. Attributions. — Étendue d'un pouvoir.

3. Institut agronomique. — Établissement supérieur d'enseignement agricole.

QUESTIONNAIRE.

De quoi est chargé le pouvoir exécutif? Quel est le chef de ce pouvoir? Par qui est dirigée chaque grande branche de la nation; De quoi est chargé le ministre de l'Instruction publique? de l'Intérieur? de la Guerre? de la Marine? des Finances? de la Justice? des Affaires étrangères?

RÉPONSES AUX QUESTIONS.

Le pouvoir exécutif est chargé de faire exécuter les lois, de gouverner selon les lois du pays.

Le chef du pouvoir exécutif est le Président de la République.

Mais les ministres étant responsables devant les Chambres, le poids du gouvernement retombe presque entièrement sur eux.

C'est en conseil des ministres que se traitent les affaires importantes, que les décisions graves sont prises.

Pour les questions courantes, chaque ministre agit sous sa responsabilité avec le concours des fonctionnaires de son administration.

Les attributions des différents ministres sont indiquées par la dénomination du ministère à la tête duquel ils se trouvent placés.

RÉDACTION FRANÇAISE.

Dire pourquoi on ne peut pas et on ne doit point rendre le gouvernement responsable de la cherté de la vie, du ralentissement des affaires.

CHAPITRE VIII.

———

Le *pouvoir judiciaire* est celui qui rend la justice et poursuit les infractions à la loi. Il émane[1] de la nation.

Les juges, nommés par le pouvoir exécutif, possèdent l'inamovibilité[2] comme garantie d'indépendance.

Nous avons déjà parlé des justices de paix, des tribunaux de première instance, des cours d'assises, des cours d'appel, qui siègent aux chefs-lieux de cantons, d'arrondissements, de départements et d'anciennes provinces.

Dans la capitale siège la *Cour de cassation* qui maintient dans toute la France l'uniformité de procédure et de jurisprudence.

La Cour de cassation ne connaît pas du fond des affaires ; mais elle casse pour violation de la loi ou vice de procédure les jugements rendus en dernier ressort par les cours et les tribunaux. Lorsqu'une procédure est annulée par la Cour de cassation, l'affaire est renvoyée pour le fond devant une autre cour ou un autre tribunal.

La Cour de cassation est composée d'un premier président, de trois présidents et de quarante-cinq conseillers.

Le *Conseil d'État* est à la fois un conseil gouvernemental et un tribunal d'appel, en matière administrative.

Il donne son avis sur les projets émanant de l'initiative[3] parlementaire que les Chambres jugent à propos de lui renvoyer, sur les projets de décrets, sur les règlements d'administration publique. Il statue sur les recours formés contre les décisions des conseils de préfecture, contre les décisions des ministres, dans le cas où ils prononcent comme juges. Il peut casser pour incompétence[1], violation des formes et de la loi les arrêts de la Cour des comptes, les décisions des conseils de revision pour le recrutement de l'armée ; pour excès de pouvoirs, les décisions des autres juridictions administratives qui statuent en dernier ressort, les actes de tous les agents de l'administration, maires, sous-préfets, préfets, ministres, chef de l'État.

Le Conseil d'État est composé du garde des sceaux, président ; de 32 conseillers d'État en service ordinaire, de 18 conseillers d'État en service extraordinaire ; de 30 maîtres des requêtes et de 36 auditeurs.

LEXIQUE.

1. Émane. — De émaner, c'est-à-dire provenir, sortir, tirer son origine, etc. Cet avis émane de l'autorité supérieure.

2. Inamovibilité. — Qualité de ce qui est inamovible, c'est-à-dire qui ne peut être changé, destitué arbitrairement.

3. Initiative. — Action de celui qui propose quelque chose le premier, qui agit de son propre mouvement.

4. Incompétence. — Défaut, manque de pouvoirs pour juger une affaire. — Manque de connaissances pour apprécier un fait.

QUESTIONNAIRE.

Quel est le pouvoir judiciaire? De qui émane-t-il? Où siège la Cour de cassation? Quelle est sa mission? Comment est-elle composée? Quel est le caractère distinctif du Conseil d'Etat? Quels sont les différents membres qui le composent?

RÉPONSES AUX QUESTIONS.

Le pouvoir judiciaire est chargé de rendre la justice en se conformant aux lois et à la jurisprudence établies.

Le pouvoir de juger dérive de l'autorité souveraine, de la nation.

L'unité de jurisprudence, c'est-à-dire d'interprétation de la loi, est assurée par l'institution de la Cour de cassation qui a son siège à Paris.

Lorsqu'une décision judiciaire est cassée par la cour suprême pour vice de forme dans la procédure ou pour inobservation de la loi, les parties sont renvoyées devant de nouveaux juges.

Le Conseil d'État, comme tribunal administratif supérieur, connaît en dernier ressort des appels formés contre les décisions de l'autorité administrative. C'est une garantie pour les citoyens contre les abus de pouvoir.

Le Conseil d'État, comme conseil de gouvernement, donne son avis sur les projets de lois, de décrets qui lui sont soumis et sur les règlements d'administration publique pour l'exécution des lois.

CHAPITRE IX.

L'enseignement. — L'armée.

Le développement de l'enseignement à tous les degrés est une nécessité des temps modernes ; cette nécessité s'imposait surtout à un État républicain.

Les progrès[1] accomplis depuis nos désastres sont considérables.

Le budget de l'Instruction publique qui n'atteignait pas vingt-cinq millons en 1869, dépasse aujourd'hui cent millions.

Le sort des professeurs et des instituteurs a été amélioré ; de nouveaux établissements d'enseignements supérieur et secondaire ont été fondés ; l'enseignement secondaire des jeunes filles a été créé ; de nouvelles écoles ont été construites ; l'obligation est devenue le régime légal de l'enseignement primaire ; l'atelier est entré dans l'école ; les programmes[2] remaniés ont reçu des développements importants ; toutes les questions de méthodes[3] sont étudiées avec soin dans les commissions officielles et les publications pédagogiques.

Dans cette œuvre considérable, le gouvernement a été soutenu par les Chambres et par l'opinion publique qui ont vu le salut de la Patrie dans la force morale autant que dans la force matérielle.

Le ministre de l'Instruction publique est chargé de la haute direction de tous les services se rattachant à l'enseignement.

Il est assisté par le *Conseil supérieur de l'Instruction publique* qui est à la fois un conseil de perfectionnement, de surveillance, de discipline et un tribunal d'appel pour les affaires contentieuses ` de l'enseignement.

Le Conseil supérieur, présidé par le ministre, est composé de cinquante membres appartenant à l'Institut, à l'enseignement supérieur, à l'enseignement secondaire, à l'enseignement primaire et à l'enseignement libre, la plupart élus par leurs pairs.

Une section permanente, composée de quinze membres, représente le Conseil dans l'intervalle des sessions.

Au-dessous du Conseil supérieur dont l'autorité s'étend à toute la France, la loi a institué, au chef-lieu de chaque académie, pour éclairer et seconder l'action du recteur, *un Conseil académique* qui donne son avis sur les règlements relatifs aux établissements d'enseignement supérieur et secondaire, qui connait des affaires contentieuses et disciplinaires de ces deux ordres d'enseignement.

Dans chaque département il y a un *Conseil départemental de l'Instruction publique* présidé par le Préfet qui donne son avis sur les règlements relatifs aux écoles primaires publiques, qui prononce, sauf recours au

Conseil supérieur, sur les affaires contentieuses relatives à l'ouverture des écoles libres, sur les affaires disciplinaires relatives aux instituteurs primaires, publics et libres.

Armée. — L'État, pour assurer l'ordre à l'intérieur et pour défendre le territoire de la Patrie contre les ennemis extérieurs, a besoin de forces organisées considérables.

D'après la loi du 27 juillet 1872, tout Français qui n'est pas déchu de ses droits civiques ou qui n'est pas déclaré impropre aux service militaire fait partie : de l'armée active pendant cinq ans; de la réserve de l'armée active pendant quatre ans; de l'armée territoriale pendant cinq ans; de la réserve de l'armée territoriale pendant six ans.

L'armée active[5] se compose des corps de troupes de toutes armes, du personnel de l'état-major général, des services administratifs, de la gendarmerie et de quelques corps spéciaux.

L'effectif de l'armée active, sur le pied de paix, est d'environ 500,000 hommes et 114,000 chevaux.

Le cadre d'activité de l'état-major général se compose de 100 généraux de division et de 200 généraux de brigade.

L'un des principaux services complémentaires de l'armée comprend l'École supérieure de guerre, l'École polytechnique, l'École spéciale militaire de Saint-Cyr, l'École d'aplication d'artillerie et du génie de Fontainebleau, l'École de cavalerie de Saumur, l'École de sous-officiers de Saint-Maixent.

L'armée et l'enseignement touchent aux intérêts les plus chers de la France qui est toujours à la tête de la civilisation, et qui tient une place importante dans le monde malgré des malheurs immérités.

LEXIQUE.

1. Progrès. — Accroissement, mouvement en avant, augmentation de la somme de connaissances.

2. Programme. — Détail des matières d'enseignement, des connaissances nécessaires pour arriver à certains emplois, à certaines fonctions.

3. Méthode. — Ordre, marche qu'on suit pour dire, faire ou enseigner une chose.

4. Contentieuses. — Affaires contentieuses se dit des affaires administratives sujettes à contestations quant à l'application de la loi.

5. Armée active. — Armée sur pied, prête à agir.

QUESTIONNAIRE.

De quoi est chargé le ministre de l'Instruction publique? De qui est-il assisté dans sa tâche difficile? De combien de membres est composé le Conseil supérieur? Quelle est la mission du Conseil académique? Comment l'État peut-il assurer l'ordre à l'intérieur et défendre le territoire de la patrie? Comment est composée l'armée active.

3.

RÉPONSES AUX QUESTIONS.

Le ministre de l'Instruction publique est chargé des intérêts intellectuels de la nation, de la direction du corps enseignant à tous les degrés.

Il est assisté du Conseil supérieur, composé de cinquante membres représentant depuis l'Institut jusqu'à l'école primaire.

Au-dessous du Conseil supérieur dont l'autorité s'étend à toute la France, la loi a institué un Conseil académique, présidé par le recteur, dans chaque province universitaire, et un Conseil départemental de l'instruction publique, présidé par le préfet, dans chaque département.

Ces assemblées sont des conseils de perfectionnement et de discipline.

L'État, pour assurer l'ordre à l'intérieur et pour défendre le territoire de la patrie contre les ennemis extérieurs, a besoin de forces organisées considérables.

Les forces nationales sont réparties en 18 corps d'armée, non compris les troupes de l'Algérie.

Les chef-lieux de région sont : Lille, Amiens, Rouen, le Mans, Orléans, Châlons-sur-Marne, Besançon, Bourges, Tours, Rennes, Nantes, Limoges, Clermont-Ferrand, Grenoble, Marseille, Montpellier, Toulouse, Bordeaux.

RÉDACTION FRANÇAISE.

Dire tout ce qui a été fait depuis nos désastres pour développer l'enseignement à tous les degrés et quels devoirs nous imposent les sacrifices qu'on fait pour notre instruction.

EXEMPLES

DE

VERTUS CIVIQUES

MAXIMES PATRIOTIQUES.

Nous ne sommes pas nés pour nous, mais pour la patrie.

CICÉRON.

Dieu prend soin du monde, à nous de prendre soin de la patrie.

BACON.

L'homme prend racine sur toute terre, même la plus ingrate, et il n'est pas de lieu si désolé qui ne retienne, par des attaches mystérieuses, quelques familles à ses flancs.

JULES DUVAL.

A tous les cœurs bien nés que la patrie est chère !

VOLTAIRE.

Aimer la patrie, c'est aimer ses concitoyens, c'est s'associer à leurs douleurs, c'est concourir au bonheur public, c'est défendre et conserver toutes les gloires de son pays.

MAZENOD.

Voilà donc ma chère vallée, mes noyers, mes sentiers verts, ma claire fontaine! Voilà mes jours passés encore tout pleins de vie, voilà le monde mystérieux des rêves de mon enfance! O patrie! patrie! mot incompréhensible!

A. DE MUSSET.

Les plus grands prodiges de vertus ont été produits par l'amour de la patrie.

J.-J. ROUSSEAU.

LA PATRIE.

La Patrie, c'est la commune mère, l'unité dans laquelle se pénètrent et se confondent les individus isolés, c'est le nom sacré qui exprime la fusion volontaire de tous les intérêts en un seul intérêt, de toutes les vies en une seule vie perpétuellement durable.

Et cette fusion, source féconde d'inépuisables biens, principe d'un progrès continu impossible sans elle, cette fusion, dont l'effet est d'accroître indéfiniment la force de conservation et la puissance de développement, l'énergie productive, la sécurité, la prospérité, comment s'opère-t-elle ? Par le dévouement de chacun à tous, le sacrifice de soi, par l'amour enfin, qui, étouffant l'abject égoïsme, accomplit la parfaite union des membres du corps social.

Et la Patrie, au sein de laquelle se fondent les familles diverses, doit être, dans votre amour, au-dessus de chacune d'elles ; sans quoi, vous rompez le lien qui les unit toutes, vous subordonnez le corps entier à l'un de ses membres, vous détruisez autant qu'il est en vous la *société*, en la ramenant sous l'influence de l'égoïsme, qui en ébranle la base.

A la Patrie, tout ce que vous êtes et tout ce que vous avez, votre cœur, vos bras, vos veilles, et vos biens et votre vie. Qui hésite à mourir pour elle, celui-là est infâme à jamais.

LAMENNAIS.

LA GRANDE AMITIÉ.

C'est une grande gloire pour nos vieilles communes de France d'avoir trouvé, les premières, le vrai nom de la patrie. Dans leur simplicité, pleine de sens et de profondeur, elles l'appelaient l'amitié.

La patrie, c'est en effet la grande amitié qui contient toutes les autres. J'aime la France, parce qu'elle est la France, et aussi parce que c'est le pays de ceux que j'aime et que j'ai aimés.

La patrie, la grande amitié où sont tous nos attachements, nous est d'abord révélée par eux; puis, à son tour, elle les généralise, les étend, les ennoblit. L'ami devient tout un peuple. Nos amitiés individuelles sont comme les premiers degrés de cette grande initiation, des stations par où l'âme passe, et peu à peu monte pour se connaître et s'aimer dans cette âme meilleure, plus désintéressée, plus haute, qu'on appelle la patrie.

Je dis désintéressée[1], parce que là où elle est forte, elle fait que nous nous aimons, malgré l'inégalité. Pauvres, riches, grands et petits, elle nous enlève tous au-dessus de toutes nos misères d'envie. C'est vraiment la grande amitié, parce qu'elle rend héroïque[2]. Ceux qui sont liés en elle, sont solidement liés[3] ; leur attachement durera autant que la patrie. Que dis-je, elle n'est nulle part plus indestructible que dans leurs âmes immortelles ! Elle finirait dans le monde et dans l'histoire, elle s'abîmerait au sein du globe, qu'elle survivrait comme amitié.

MICHELET.

LEXIQUE.

1. **Désintéressée.** — Qui ne fait rien par intérêt propre.

2. **Héroïque.** — Qui tient du héros. Grandeur d'âme, courage peu ordinaire.

3. **Liés.** — Liés veut dire, ici, attachés, unis par les mêmes intérêts, les mêmes sentiments, les mêmes affections.

VOILA LA PATRIE !

Un jour, quand l'homme s'est fait un peu dans l'enfant, son père le prend ; grande fête publique, grande foule dans Paris. Il le mène de Notre-Dame, au Louvre, aux Tuileries, vers l'Arc de triomphe. D'un toit, d'une terrasse, il lui montre le peuple, l'armée qui passe, les baïonnettes frémissantes, les drapeaux tricolores...

Dans les moments d'attente surtout, avant la fête, avant les reflets[1] fantastiques de l'illumination, dans ces formidables silences qui se font tout à coup sur le sombre océan du peuple, il se penche et lui dit : « Tiens, mon enfant, regarde, voilà la France, voilà la patrie ! Tout ceci, c'est comme un seul homme : même âme et même cœur. Tous mourraient pour un seul ; et chacun doit aussi vivre et mourir pour tous. Ceux qui passent là-bas, qui sont armés, qui partent, ils s'en vont combattre pour nous. Ils laissent là leur père, leur vieille mère, qui auraient besoin d'eux... Tu en feras autant ; tu n'oublieras jamais que ta mère est la France. »

C'est une grande chose pour le Français d'avoir ici cette glorieuse et immortelle patrie ramassée en un point, tous les temps, tous les lieux ensemble ; de suivre, des Thermes[2] de César à la Colonne, au Louvre, au Champ de Mars, de l'Arc de triomphe à la place de la Concorde, l'histoire de France et du monde.

MICHELET.

LEXIQUE.

1. **Reflet.** — Réflexion de la lumière ou de la couleur d'un corps sur un autre.

2. **Thermes.** — Bains publics chez les anciens Romains : les thermes de Julien.

LE GÉNIE DE LA FRANCE.

Il y avait alors, et il y aura toujours dans le caractère français, quelque chose de plus puissant que les armes de France, de plus lumineux que son éclat : c'est sa chaleur, c'est sa communicabilité[1] pénétrante, c'est l'attrait qu'il ressent et qu'il inspire en Europe.

Le génie de l'Espagne de Charles-Quint est fier et aventureux ; le génie de l'Allemagne est profond et austère ; le génie de l'Angleterre est habile et superbe ; celui de la France est aimant et c'est sa force. Séductible lui-même, il séduit facilement les peuples. Les autres grandes individualités[2] du monde des nations n'ont que leur génie.

La France, pour second génie, a son cœur ; elle le prodigue dans ses pensées, dans ses écrits comme dans ses actes nationaux. Quand la Providence veut qu'une idée embrase le monde, elle l'allume dans l'âme d'un Français. Cette qualité communicative du caractère de cette race, cette attraction française, non encore altérée par l'ambition de la conquête, était alors le signe précurseur du siècle. Il semble qu'un instinct providentiel tournait toute l'attention de l'Europe vers cette seule partie de l'horizon, comme si le mouvement et la lumière n'avaient pu sortir que de là. Le seul point véritablement sonore du continent, c'était Paris. Les plus petites choses y faisaient un grand bruit. La littérature était le véhicule[3] de l'influence française, la monarchie intellectuelle avait ses livres, son théâtre, ses écrits, avant d'avoir ses héros.

Conquérante par l'intelligence, son armée était son génie.

LAMARTINE.

LEXIQUE.

1. **Communicabilité**. — Puissance de communication qui fait passer chez les autres ses idées, ses sentiments.

2. **Individualité**. — Tout ce qui constitue l'individu, qui le distingne des autres êtres.

3. **Véhicule**. — Toutes sortes de voitures, ici véhicule signifie moyen de propagation.

NÉCESSITÉ DE L'ENSEIGNEMENT CIVIQUE.

Je ne sais pas, après la religion, de mobile[1] plus puissant que l'esprit patriotique pour diriger la jeunesse vers le bien. Ainsi que le christianisme, il parle aux passions fortes comme aux faiblesses des hommes. En effet, si les préceptes[2] évangéliques, toujours dirigés contre les tentations de la vanité humaine, nous prescrivent une grande défiance de nos mérites, ils nous permettent en même temps de nous enorgueillir salutairement de notre grandeur originelle, de cette émanation divine, souffle immortel de notre vie passagère, qui forme un lien sacré entre le Créateur et son ouvrage. De même, si nous sommes peu de chose comme habitant de la terre, du moins, comme enfants d'une patrie, comme membres d'une société légitime, nous pouvons nous estimer d'autant plus que les conditions de l'association sont plus morales et plus honorables, et qu'elles réclament de nous plus d'action et de dévouement. A mesure que les gouvernements sont moins absolus, les citoyens, devenant plus obligés les uns à l'égard des autres, les vertus politiques interviennent davantage dans les relations[3] civiles. Aussi, à l'avenir, les principes d'une morale publique doivent-ils, en France, s'unir, dans l'éducation des hommes, aux principes de la morale individuelle.

MADAME DE RÉMUSAT.

LEXIQUE

1. Mobile. — Qui se meut ou peut être mû ; au figuré : qui change facilement d'opinion, de sentiment. Ici mobile veut dire ce qui porte à faire une chose : La gloire est son unique mobile.

2. Précepte. — Règle, enseignement, les préceptes de la morale, de l'art.

3. Relations. — Liaison, rapport d'intérêt, d'amitié avec ses semblables.

DÉVOUEMENT

DE SIX NOTABLES BOURGEOIS DE CALAIS.

Les habitants de la ville abandonnée aperçurent du haut de leurs remparts la retraite du roi ; ils poussèrent un cri, comme des enfants délaissés par leur père : « Ils estoient en si grande douleur et détresse que le plus fort d'entre eux se pouvoit à peine soustenir. » Convaincus qu'il n'y avait plus de secours à attendre, ils allèrent trouver Jean de Vienne, et le prièrent d'ouvrir des négociations avec Édouard.

Le gouverneur monte aux créneaux des murs de la ville, et fait signe aux ennemis qu'il désirait pourparler; de quoi le roi d'Angleterre étant instruit, il envoya Gauthier de Mauny et sire Basset ouïr les propositions de Jean de Vienne. Quand ils furent à portée de la voix : « Chiers seigneurs s'écria le vieux capitaine, vous estes « moult vaillants chevaliers en faict d'armes. Vous « savez que le roy de France, que nous tenons à sei- « gneur, nous a ici envoyés pour garder cette ville et « Chastel : nous avons fait ce que nous avons pu. Or, « tout secours nous a manqué. Nous n'avons plus de « quoi vivre ; il faudra que nous mourions tous de faim « si le gentil roi votre seigneur n'a merci de nous. La- « quelle chose lui veuilliez prier en pitié, et qu'il nous « laisse aller tout ainsi que nous sommes.

« Jean, répondit Gauthier de Mauny[1] ce n'est mie l'en- « tente de monseigneur le roy que vous vous en puis- « siez aller ainsi. Son intention est que vous vous mettiez « tous à sa pure volonté, pour rançonner ceux qu'il lui « plaira, ou pour vous faire mourir. »

Le gouverneur repartit : « Gauthier, ce seroit trop « dure chose pour nous. Nous sommes céans un petit « nombre de chevaliers et escuyers qui loyalement avons « servi le roi de France, nostre souverain sire, comme « vous feriez le vostre en pareil cas. Nous avons enduré « maint mal et mesaise, mais nous sommes résolus à

« souffrir ce qu'oncques gens d'armes ne souffrirent,
« plustost que de consentir que le plus petit garçon de
« la ville eust autre mal que le plus grand de nous.
« Nous vous prions donc par vostre humilité d'aller
« devers le roi d'Angleterre. Nous espérons en lui tant
« de gentillesse, qu'à la grâce de Dieu son propos chan-
« gera. »

Les deux chevaliers anglais retournèrent vers leur
maître et lui rapportèrent les paroles du gouverneur.
Édouard, irrité de la longue résistance de la place, et
remémorant les avantages que les habitants de Calais
avaient obtenus sur les Anglais dans les combats de
mer, voulait tous les mettre à mort. Mauny, aussi généreux qu'il était brave, osa réprésenter au roi, que, pour
avoir été loyaux serviteurs envers leur prince, ces
Français ne méritaient pas d'être ainsi traités ; que
Philippe, quand il prendrait quelque ville, pourrait user
de représailles. « Enfin, ajouta-t-il, vous pourriez bien,
monseigneur, avoir tort ; car vous nous donnez un très
mauvais exemple. »

Les barons et les chevaliers anglais qui étaient présents furent de l'opinion de Gauthier : « Eh bien ! sei-
« gneurs, s'écria Édouard, je ne veux mie estre seul
« entre vous tous. Sir Gauthier, allez dire au capitaine
« de Calais qu'il me livre six des plus notables bour-
« geois de la ville ; qu'ils viennent la teste nue, les
« pieds déchaussés, la hart au cou, les clefs de la ville
« et du chasteau dans leurs mains : je prendrai le reste
« à mercy. »

Mauny porta cette réponse à Jean de Vienne, qui

était resté appuyé aux crénaux. Jean pria Manny de l'attendre pendant qu'il allait instruire les bourgeois de la proposition d'Édouard. Il fait sonner le beffroi ; hommes, femmes, enfants, vieillards se rassemblent aux halles. Le gouverneur leur raconte ce qu'il a fait, et quelle est la dernière volonté du roi d'Angleterre.

Un silence profond règne d'abord dans l'assemblée : tous les yeux cherchent les six victimes qui doivent racheter de leur sang la vie du reste des citoyens. Bientôt les sanglots éclatent dans cette foule à moitié consumée par la faim : « Lors commencent à plorer toute manière de gens, et à mener tel deuil qu'il n'est si dur cœur qui n'e.: eust pitié ; et mesmement messire Jehan (le vieux gouverneur) en larmoyoit tendrement. » Il fallait une prompte réponse ; le temps s'écoulait. Un homme se lève ; le lecteur l'a déjà nommé : Eustache de Saint-Pierre. Sa grande fortune, la considération dont il jouissait le rendaient notable, et lui donnaient les conditions requises pour mourir. L'histoire nous a transmis son discours, paroles saintes auxquelles on ne doit rien changer : « Seigneurs, grands et petits, grand'pitié et « grand meschef seroit de laisser mourir un tel peuple « qui cy est, par famine ou autrement, quand on y peut « trouver aucun moyen ; et serait grand'aumosne et « grand'grâce envers Nostre Seigneur qui de tel mes- « chef les pourroit garder. J'ai si grande espér--nce « d'avoir pardon de Nostre Seigneur, si je meurs pour « ce peuple sauver, que veux estre le premier, et met- « trai volontiers en chemise, à nu chef, et la hart au cou, « en la mercy du roi d'Angleterre. »

Quand sire Eustache eut dit ces paroles, chacun alla l'adorer de pitié, et plusieurs hommes et femmes se jetaient à ses pieds en plorant tendrement.

La vertu est contagieuse comme le vice : à peine Eustache eut-il cessé de parler, que Jean d'Aire qui avait deux belles demoiselles à filles, déclare qu'il « ferait compagnie à son compère ». Jacques et Pierre de Wissant, frères, dirent à leur tour qu'ils « feraient compagnie » à leurs cousins Eustache de Saint-Pierre et Jean d'Aire ; aussi magnanimes qu'Eustache dans leur sacrifice, car s'ils n'en eurent pas la première pensée, ils se dévouaient à une mort dont lui seul devait recueillir l'honneur...

Les annales de Calais assurent que les deux derniers candidats pour la mort furent tirés au sort parmi plus de cent qui se proposèrent après les quatre premiers ; et un écrivain conjecture que ce grand nombre de concurrents est peut-être ce qui a empêché les noms des deux derniers bourgeois de parvenir jusqu'à nous ; ils se seront perdus dans la gloire commune de ces Décius. Une autre version, sans autorité, veut qu'Édouard eût demandé huit personnes, quatre chevaliers et quatre bourgeois.

Récemment blessé, accablé par les ans, les infirmités, la douleur et la fatigue, Jean de Vienne, se pouvant à peine soutenir, monte sur une petite haquenée et escorte les six bourgeois jusqu'aux portes de la ville. Ceux-ci marchaient en chemise, la tête et les pieds nus, la hart au cou, ainsi que l'avait exigé Édouard, et tels que les prêtres, à cette époque, s'avançaient suivis du peuple dans les calamités publiques, pour offrir un sacrifice expiatoire.

Eustache et ses compagnons portaient les clés de la ville : « Chacun en tenoit une poignée. Les femmes et les enfants d'iceux tordoient leurs mains et crioient à haute voix très amèrement. Ainsi vinrent eux jusqu'à la porte, convoqués en plaintes, en cris et pleurs »; spectacle que n'avait point vu le monde, depuis le jour où Régulus sortit de Rome pour retourner à Carthage. Le gouverneur remit Eustache de Saint-Pierre, Jean d'Aire, Pierre et Jacques de Wissant, et les deux inconnus, entre les mains du sire de Mauny, les recommandant à sa courtoisie : « Messire Gauthier, je vous délivre « comme capitaine de Calais, par le consentement de « povre peuple de ceste ville, ces six bourgeois. Si « vous prie, gentil sire, que vous veuillez prier pour « eux au roy d'Angleterre que ces bonnes gens ne « soient mis à mort. »

« Adonc fut la barrière ouverte » et les six bourgeois furent conduits à Édouard à travers le camp ennemi. Selon Thomas de la Moore et Knighton, le gouverneur de Calais accompagna, avec une partie de la garnison, les prisonniers et remit lui-même les clés de la ville au roi d'Angleterre. Les comtes, les barons et les chevaliers qui environnaient le roi d'Angleterre, saisis d'admiration au récit de Gauthier de Mauny, invitaient par un murmure Édouard à égaler la générosité de ces citoyens. Le monarque demeure inflexible : « il se tint tout coi, et regarda moult fellement (cruellement) les bourgeois ; car moult hayssoit les habitants de Calais, pour les grands dommages et contraires qu'au temps passé sur mer lui avaient faits ». Il ordonna de couper la tête aux prisonniers. « Ah ! gentil sire, s'écria Gau- « thier de Mauny, veuillez refrener vostre courage!... « Si vous n'avez pitié de ces gens, toutes autres gens « diront que ce sera grande cruauté que vous fassiez « mourir ces honnestes bourgeois, qui se sont mis en « vostre mercy pour les autres sauver. »

A ce point grigna (grinça) le roy des dents, et dit : « Messire Gauthier, souffrez-vous (taisez-vous), et il ordonna de faire venir le coupeteste. »

La reine d'Angleterre se trouvait alors dans le camp : « elle plorait si tendrement de pitié qu'elle ne se pouvoit soutenir. Si se jetta à genoux pardevant le roy son sei- gneur, et dit : « Ah ! gentil sire, depuis que je repassai « la mer en grand péril, je ne vous ai rien requis ni de- « mandé. Or vous prié-je humblement que, pour le Fils « de sainte Marie et pour l'amour de moi, vous veuillez « avoir de ces six hommes mercy. »

« Le roi attendit un petit à parler, et regarda la bonne dame sa femme, qui ploroit à genoux moult tendrement. Si lui amollia le cœur, et si dit : « Ah ! dame, j'aimerois « trop mieux que vous fussiez autre part que cy... Te- « nez, je vous les donne : si en faites vostre plaisir. » La bonne dame dit : « Monseigneur, très grands mer- cis. »

« Lors se leva reine, et fit lever les six bourgeois, et leur ostoit les chevestres (cordes) d'entour leur cou, et les emmena avec elle dans sa chambre, et les fit re- vestir et donner à disner à toute aise ; et puis donna à chacun six nobles, et les fit conduire hors de l'ost à sauveté. »

Édouard prit possession de Calais. « Il y chevaucha à grand'gloire avec les barons et les chevaliers, avec si grand foison de ménestriers, de trompes, de tambours, de chalumeaux et de musettes, que ce seroit merveille à recorder. »

On ne retint dans la ville que trois Français, un prestre et deux autres anciens hommes bons coustumiers des lois et ordonnances de Calais ; et fut pour enseigner les héritages, voulant le roi repeupler la ville de purs Anglais. Ce fut grand pitié quand les grands bourgeois et les nobles bourgeoises et leurs beaux enfants furent contraints de guerpir (quitter) leurs beaux hostels, leurs héritages, leurs meubles et leurs avoirs; car rien n'emportèrent.

On croit lire une page de l'histoire des plus beaux temps de la république romaine placée, par aventure et comme par méprise, au milieu de l'histoire de la chevalerie. Les vertus civiles d'Eustache de Saint-Pierre, de Jean d'Aire, et des deux Wissant contrastent avec les vertus militaires des Nibaumont, de Charny et des Mauny : deux sociétés opposées se présentent ensemble et toutes les deux font honneur à l'espèce humaine.

Calais fut repeuplée d'Anglais. Édouard y établit trente-six familles bourgeoises des plus riches et trois cents autres personnes de moindre état. Les franchises accordées à cette ville y attirèrent une foule d'habitants. Édouard donna les meilleures maisons de la cité à quelques-uns de ses chevaliers, tels que Mauny,

Cobham, Stanfort et Barthélemy de Burghersh : la reine Philippe eut, pour sa part, l'héritage de Jean d'Aire; quelques Français obtinrent aussi des propriétés à Calais. Eustache de Saint-Pierre rentra dans la possession d'une partie de ses biens, et obtint de plus une pension considérable.

De Chateaubriand.

RÉDACTION FRANÇAISE.

Résumer la reddition de Calais.

LE CHEVALIER D'ASSAS.

Le chevalier d'Assas, capitaine au régiment d'Auvergne, sauva par son dévouement l'armée française qui allait être surprise, près de Clostercamp, le 16 octobre 1758.

Voici le fait dans toute sa vérité, d'après les mémoires de Grimm, de Rochambeau et les souvenirs de Lombard de Langres, ancien ambassadeur français en Hollande.

L'action était engagée. Il était nuit et faisait du brouillard. D'Assas était placé à l'extrémité de la ligne française. Un officier cria que les chasseurs tiraient sur leurs propres camarades ; le sergent Dubois, placé suivant l'usage en serre-file, à l'extrémité du front de bataille, s'avança le premier à la découverte. Le capitaine d'Assas le suivit à quelque distance. Dubois se trouva tout à coup au milieu des Anglais qui le menacèrent s'il poussait un cri. Il répondit à cette menace en criant de toutes ses forces : *A nous Auvergne, ce sont les ennemis!* Et il tomba mort sur le champ percé de coups de baïonnettes. A son cri, d'Assas, sans s'occuper de sa propre position, qui le mettait entre deux feux, cria à son tour, avec non moins d'héroïsme : *Tirez, chasseurs, ce sont les ennemis!* Et il tomba blessé mortellement par les balles de ses propres soldats.

On ramassa d'Assas sur le champ de bataille, et avant d'expirer, pendant qu'on le transportait au camp, il eut encore la force de dire à ceux qui louaient son dévouement : « Enfants, ce n'est pas moi qui ai crié, c'est Dubois. »

Au lieu d'un héros, nous en trouvons deux.

DURUY.

LES PALADINS DE FLORENCE.

Durant les luttes des Guelfes et des Gibelins, l'armée sortie d'Arezzo rencontra, en 1289, celle qui venait de Florence. La première fut battue entre Bibiena et Certomondo.

Voici un trait remarquable par lequel les Florentins se distinguèrent. L'usage était, dans les armées des républiques italiennes, de désigner, au moment du combat, douze cavaliers d'élite, nommés paladins, pour fondre, comme des enfants perdus, sur l'ennemi, en avant de la cavalerie, qu'ils devaient enflammer par leur exemple. Cet usage fut suivi dans cette circonstance.

La cavalerie florentine était commandée par Verdi de Cerchi, personnage déjà fameux à Florence. C'était à lui de désigner les douze paladins qui devaient engager la bataille. Il fit quelque chose d'inattendu : il se désigna d'abord lui-même, bien que souffrant d'une jambe ; il nomma ensuite son fils, et pour troisième, son neveu ; après quoi il ne voulut plus choisir personne, « chacun devant, dit-il, rester libre de manifester son amour pour son pays ».

Une conduite si noble ne manqua pas son effet : cent cinquante guerriers à cheval, au lieu de douze, se présentèrent, demandant à être faits paladins, et ils le furent.

FAURIEL.

RÉDACTION FRANÇAISE.

Dire quel était l'usage des armées républicaines au moment de livrer le combat. Quelle fut la conduite de Verdi en cette circonstance et l'effet produit par son héroïsme.

ARNOLD DE WINKELRIED.

Le duc Léopold était entré en Suisse dans l'intention de soumettre les cantons ; il se dirigea vers Lucerne. Les Suisses, avertis de son dessein, venaient de se rallier au nombre de quatorze cents, nombre bien inférieur à celui de l'armée autrichienne. Les troupes de Léopold formaient un bataillon tellement serré, que leurs boucliers et leurs piques présentaient, en quelque sorte, l'aspect d'un mur de fer. Les Suisses, armés seulement d'une épée et d'une courte hallebarde, firent de vains efforts pour rompre la barrière qu'on leur opposait. Toutes leurs tentatives furent sans succès; ces piques restaient toujours dirigées contre eux, et leurs plus braves guerriers s'étaient inutilement sacrifiés pour enfoncer ce redoutable bataillon. Déjà l'ennemi se préparait à envelopper les Suisses, qui désespéraient eux-mêmes de leur position, lorsque Arnold de Winkelried, chevalier d'Underwald, imagina un moyen de pénétrer dans les rangs ennemis : ce n'était qu'en sacrifiant sa vie qu'il pouvait réussir; il n'hésita point. « Mes amis! s'écria-t-il, je vais vous frayer une voie. Ayez soin de ma femme et de mes enfants ; chers confédérés, pensez à ma famille! » Aussitôt il jette ses armes, s'élance au-devant des piques, en saisit autant qu'il peut en rassembler, et les enfonçant dans sa poitrine, il les entraîne avec lui, tombe, et meurt victime de son généreux dévouement.

Les Suisses, profitant du chemin que leur a frayé ce brave guerrier, passèrent sur son corps et se jetèrent avec impétuosité, au milieu des ennemis qui, surpris de cette attaque imprévue, furent bientôt mis en déroute. Léopold lui-même fut tué, et les Suisses, accoutumés à vaincre, durent cette fois rendre hommage de leur victoire au sacrifice de leur plus digne citoyen.

CHARLES DE MAZADE.

RÉDACTION FRANÇAISE.

Raconter l'héroïque dévouement d'Arnold de Winkel-ried.

LES FEMMES PATRIOTES.

Les Polonais s'étaient soulevés contre la domination de la Russie. La ville de Siematytche était assiégée. En faisant sommer cette ville de se rendre, le général russe engagea les femmes à sortir de la ville avec leurs enfants pour éviter les tristes conséquences de l'attaque. Ces femmes firent la réponse suivante :

« En Pologne, les femmes n'abandonnent point leurs maris en pareille circonstance ; elles meurent, ainsi que leurs enfants, à côté de leurs protecteurs naturels. »

Durant cette crise, les Polonais, domiciliés à Paris, le quittèrent par cinq, par dix, par vingt tous les jours.

L'un d'eux, jeune homme de vingt-deux ans, il est vrai, mais pensionnaire chez l'un de nos premiers orthopédistes pour être traité d'une gibbosité tenant à un vice scrofuleux constitutionnel, se présente dans le cabinet du directeur de la maison de santé, pour régler, remercier, et annoncer que lui aussi, il va partir.

Avec tous les ménagements convenables, le médecin lui fait observer qu'il n'est pas en état de faire une campagne, surtout dans une guerre de partisans.

— Je le sais bien, répond le jeune homme, avec une admirable simplicité ; mais pendant qu'ils perdront leur temps à me tuer, moi chétif, ils n'en tueront pas un bon. Vous voyez donc qu'il faut que je parte.

Et il est parti.

CHARLES DE MAZADE.

DÉVOUEMENT DE JEANNE HACHETTE

ET DES FEMMES DE BEAUVAIS.

Le plan de campagne de Charles le Téméraire était d'envahir la Normandie et d'y opérer sa jonction avec le duc de Bretagne : il prit sa route par Beauvais, et le 27 juin 1472, son avant-garde se présenta devant cette place vers les portes de Bresle et du Limaçon.

La ville n'étant pas forte, et n'ayant d'autre garnison que quelques gentilshommes de l'arrière-ban, les gens du duc s'imaginaient l'enlever d'un coup de main ; mais la population de Beauvais se défendit avec un héroïsme digne du siége d'Orléans. La compagnie des arquebusiers de la ville fit merveille ; les femmes et les filles, se pressant autour de la châsse de sainte Angadresme, patronne de Beauvais, montaient hardiment sur le rempart pour apporter des munitions aux combattants ; les plus courageuses roulaient de grosses pierres ou versaient des flots d'huile et d'eau bouillantes sur les ennemis. Heureusement, l'avant-garde bourguignonne avait peu d'échelles et peu de munitions. Ceux des assaillants qui gravirent jusqu'au haut du mur furent rejetés dans le fossé, et une jeune fille, Jeanne Fouquet, dite Hachette, arracha des mains d'un porte-étendard bourguignon une bannière déjà plantée sur la muraille.

La porte de Bresle avait été brisée de deux coups de canon ; faute de boulets, l'ennemi ne put continuer son feu ; les Bourguignons essayèrent de forcer le passage à l'arme blanche ; on leur jeta à la tête des fascines enflammées ; ils reculèrent. On entassa des matières combustibles derrière la porte rompue, et cette barrière de flammes, entretenue avec les ais, les planches et les chevrons des maisons voisines, arrêta l'ennemi jusqu'au soir.

Le lendemain matin, une colonne de secours de douze cents cavaliers entrait dans la ville par la rive sud du Thérain : c'étaient les deux compagnies d'ordonnance de la garnison de Noyon; elles avaient chevauché quinze lieues sans débrider. Des secours plus importants arrivèrent le 29, et la ville fut en état de repousser l'assaut général donné le 9 juillet. Les compagnies bourguignonnes parvinrent à planter trois bannières sur le rempart; mais elles furent reçues d'une si terrible façon, qu'après avoir vu leurs bannières abattues et une foule d'hommes tués ou mis hors de combat, elles durent renoncer à l'attaque. Les femmes de Beauvais ne déployèrent pas moins de courage qu'au premier combat, et secondèrent admirablement les gens de guerre.

Henri Martin.

LA PATRIE EN DANGER.

Ce fut un dimanche et un lundi, 22 et 23 juin 1792, que le décret fut promulgué dans Paris. Ces deux jours-là, à six heures du matin, le canon d'alarme du parc d'artillerie établi sur le pont Neuf annonça, par une salve de trois coups, la sinistre proclamation; toute la journée, il ne cessa de retentir d'heure en heure. Pendant ce temps, le rappel était battu dans tous les quartiers, et deux cortèges officiels parcouraient la ville. En tête de chaque cortège marchait un détachement de cavalerie avec trompettes, tambours, corps de musique et six pièces de canon. Puis apparaissaient à cheval deux officiers municipaux ; derrière eux était déployée une bannière tricolore sur laquelle étaient inscrits ces mots :

LA PATRIE EST EN DANGER !

Au milieu des places, dans les carrefours, sur des amphithéâtres préparés d'avance se dressaient des tentes ornées de banderolles tricolores et de couronnes de chêne : une planche posée sur des caisses de tambours était destinée à servir de bureau pour l'inscription des volontaires. En arrivant à chacun des endroits désignés, le cortège s'arrêtait, le drapeau tricolore était agité, les tambours exécutaient un roulement ; un officier municipal lisait l'acte du Corps législatif. Le gros du cortège reprenait ensuite sa marche, laissant les gardes nationaux de l'arrondissement déposer leurs drapeaux sur l'amphithéâtre, et former un grand cercle au milieu duquel se rangeaient les volontaires, à mesure qu'ils s'étaient fait inscrire. Durant les deux journées, les officiers municipaux suffirent à peine à recevoir les engagements.

Le dimanche, et surtout le lundi soir, quand les deux cortèges partis de la maison commune y rentrèrent, ils étaient considérablement accrus par les enrôlés, qui, sans avoir quitté leurs habits de travail, avaient déjà le sac sur le dos, le fusil ou la pique sur l'épaule, et marchaient en chantant des airs patriotiques. Une foule immense les accompagnait en criant : « Vive la nation ! vive la liberté ! vivent nos défenseurs ! »

C'étaient là de grandes et dramatiques scènes, et l'on se sent gagné par l'enthousiasme au souvenir de ces héroïques transports. Un peuple qui se levait ainsi à la voix de ses représentants ne pouvait manquer de triompher de ses ennemis et d'écraser dans sa marche tout ce qui s'opposerait à ses pas. Ce furent les beaux jours de la Révolution, jours glorieux, dont rien n'assombrit l'éclat.

RÉDACTION FRANCAISE.

Raconter ce qui se passa à Paris, le 22 et 23 juin 1792, lorsque la patrie fut déclarée en danger.

LA CONSOLATION DU VIEUX SOLDAT.

Vers le commencement d'avril de l'année 1859, un grand camp de manœuvres avait été établi aux environs de Tlemcen par ordre du gouverneur général de l'Algérie.

Le corps d'armée était rassemblé depuis deux jours à peine, quand arriva au quartier général une dépêche télégraphique qui fut transmise aux différents chefs de corps par des courriers arabes lancés à franc étrier.

Aussitôt les clairons sonnèrent le ralliement. Le camp était très considérable ; huit mille hommes disséminés autour des bivouacs se précipitèrent pêle-mêle vers les fronts de bandière de leurs bataillons respectifs.

Qu'y avait-il ?

Il fallait qu'un grave événement se fût produit pour que l'on eût fait prendre si subitement les armes au corps d'armée.

Les adjudants-majors, passant au triple galop devant les compagnies, convoquèrent les capitaines auprès des colonels. Quand ces capitaines furent revenus, ils se placèrent en face des compagnies, firent former le cercle, et dirent ces quelques mots qui produisirent comme une commotion électrique :

« Enfants, la France a déclaré la guerre à l'Autriche ; demain, nous partons pour l'Italie. »

Un hourra formidable s'échappa de huit mille poitrines ; les rangs se rompirent, les calottes et les képis volèrent en l'air ; il y eut un moment d'enthousiasme indescriptible ; les officiers échangeaient des poignées de main avec les soldats, on s'embrassait avec une joie d'enfant, on chantait, on dansait.

Dans tous les groupes, on parlait des Autrichiens, et l'on supputait les chances de succès que nous pouvions avoir contre eux.

Vers la fin de la soirée, il y eut une scène touchante. un vieillard à la barbe blanche, vêtu d'une blouse grise, coiffé d'un bonnet de police des grenadiers de l'ancienne garde, et appuyant sur un bâton sa grande taille voûtée, s'approcha d'une compagnie. Il y avait dans sa démarche et dans son aspect quelque chose de si vénérable, de si solennel même, que les zouaves se turent et se levèrent à son approche ; il vint se placer silencieusement au centre du groupe, l'examina lentement et se découvrit.

— Mes enfants, dit-il, j'ai quatre-vingt-seize ans, et je suis resté pendant vingt-deux ans sous-officier dans la vieille armée. Tout à l'heure, j'ai su la grande nouvelle et j'ai entendu vos refrains. J'ai voulu vous dire adieu avant votre départ. Je suis si vieux que je ne compte pas vous revoir à votre retour, mais j'espère vivre jusqu'à votre première victoire. Écoutez bien, mes enfants, et souvenez-vous de ma prière. Vous allez faire ce que nous avons fait, et je viens vous supplier de vous conduire bravement. Tous les anciens de mon temps qui ont sauvé la France sous la République et tenu jusqu'au dernier souffle à Waterloo, vous suivront des yeux. Il serait cruel pour nous d'emporter dans la tombe l'humiliation d'une défaite essuyée par nos enfants. Quand vous serez là-bas, rappelez-vous qu'il y a quelques milliers de vieux soldats dont les cœurs ne battront pas sans anxiété jusqu'au jour de votre premier combat, et qui n'attendent qu'un triomphe pour s'en aller joyeusement.

La voix du vétéran tremblait en nous faisant cette recommandation suprême, sa tête blanche avait une expression si douce et si noble, que nous étions tous profondément émus.

Quand plus tard, les boulets ont troué nos rangs, quand la fusillade a décimé nos compagnies, quand la mort plut sur nous, au terrible assaut de Magenta, nous nous souvînmes des vieux débris de ces armées géantes, qui s'en allaient « nu-pieds, sans pain, sourdes aux lâches alarmes », faire à la patrie un rempart de leurs poitrines, où battaient des cœurs si vaillants, Magenta fut enlevé.

Et trois jours après avoir appris cette grande victoire, le vétéran de Tlemcen mourut, comme il l'avait prédit un mois auparavant.

LA FRANCE PRIVILÉGIEE.

Je conçus le projet d'étudier la France, de connaître son sol, ses monuments, ses villes, ses hameaux, et cette vaste ceinture de fleuves, de mers et de montagnes qui se déroulent des Pyrénées aux Alpes, de la Méditerranée à l'Océan. J'espérais un grand plaisir de cette course ; mes espérances ne furent pas trompées. Sous les climats les plus doux, je rencontrai des populations intelligentes et une singulière abondance de tous les biens de la terre.

Je vis avec admiration d'innombrables vaisseaux entrer dans nos ports et y verser les richesses des cinq parties du monde. Ces richesses, plus de cinquante mille voitures de roulage s'en emparent et les dispersent çà et là dans les pays où elles entretiennent sans cesse le mouvement et la prospérité.

Ici les fers de la Normandie s'enflamment et s'amollissent sous le marteau des forgerons; là se déploient en tissus moelleux les laines d'Espagne et de Cachemire ; plus loin des peuples d'ouvriers reçoivent le coton des Indes, le filent, le tissent et lui impriment les plus vives couleurs.

Je trouvai partout les vieux cloîtres et les vieilles abbayes transformés en manufactures; leurs voûtes profondes répétaient les chansons des ouvriers et le bruit sans repos des machines à vapeur. J'étais ravi de tant de bien-être; mais ce qui excita vivement ma surprise, ce fut de voir l'impulsion immense donnée à tout le pays par l'éducation d'un insecte.

Du midi au nord, des frontières de l'Italie aux montagnes volcaniques du Vivarais, une chenille excite partout l'activité. A Avignon, à Lisle (Vaucluse), à Vaucluse, on dévide ses cocons.

En Normandie, les doigts exercés des femmes attachent ces fils à de légers fuseaux et jettent mille gracieux dessins sur les mailles aériennes de nos blondes.

A Saint-Étienne, ces mêmes fils se tissent en rubans qui se déroulent sur toute la surface de l'Europe. A Nîmes, on fabrique des étoffes qui bruissent et chatoient comme des métaux. A Lyon, ils se déploient en velours épais, en gazes transparentes comme l'air et brillantes comme la nacre, en satin, en damas, en lampas.

Telle est la richesse de la France. Mais ces chefs-d'œuvre de l'art, ces prodiges de l'industrie, que sont-ils en comparaison des biens que lui prodigue la nature?

Vous y voyez tous les climats, vous y rencontrez toutes les cultures; au midi, l'olivier, le citronnier, l'oranger; au nord, le mélèze et le sapin, les deux extrémités de la chaîne botanique. Les arbres de la Perse et des deux Amériques viennent s'y mêler à l'orme féodal et aux chênes de la vieille Gaule ; les fruits parfumés de l'Asie au pommier indigène ; la flore entière de l'Orient à l'humble violette, à nos couronnes de bluets, aux bouquets champêtres de la pâquerette et la mystérieuse verveine.

Ainsi la France se couvre des productions du nouveau monde et des trésors de l'ancien.

Du haut de ses coteaux chargés de vignes, des fleuves de vin coulent éternellement dans la coupe de tous les peuples, tandis que sur ses larges plaines les moissons ondoient, comme les flots de la mer, sous le vent qui les courbe, sous le soleil qui les mûrit.

A la vue de tant de biens, mon cœur bondissait de joie. Je m'écriais : « Chère patrie ! terre fortunée ! tu possèdes tout, richesse, intelligence, liberté. Est-il sur le globe un spectacle comparable à celui de ta gloire ! Tu t'es dépouillée de tes superstitions et de tes vices, comme on se dépouille d'un haillon flétri ; plus de droits féodaux, plus de corvées, plus de servage, plus de castes qui se méprisent, plus de provinces rivales et jalouses ; je ne vois dans ton sein qu'un peuple, et, dans ce peuple qu'une famille !

Aimé Martin.

RÉDACTION FRANÇAISE.

Parcourir rapidement les différentes contrées de la France et parler de ses richesses agricoles et industrielles.

LE DRAPEAU.

ÉPISODE DE LA DERNIÈRE GUERRE.

Le régiment était en bataille sur un talus de chemin de fer, et servant de cible à toute l'armée prussienne massée en face, sous le bois. On fusillait à quatre-vingts mètres. Les officiers criaient : « Couchez-vous !... » mais personne ne voulait obéir, et le fier régiment restait debout, groupé autour de son drapeau. Dans ce grand horizon de soleil couchant, de blés en épis, de pâturages, cette masse d'hommes, tourmentée, enveloppée d'une fumée confuse, avait l'air d'un troupeau surpris en rase campagne dans le premier tourbillon d'un orage formidable...

C'est qu'il en pleuvait du fer sur ce talus ! On n'entendait que le crépitement de la fusillade, le bruit sourd des gamelles roulant dans le fossé, et les balles qui vibraient longuement d'un bout à l'autre du champ de bataille, comme les cordes tendues d'un instrument sinistre et retentissant. De temps en temps, le drapeau qui se dressait au-dessus des têtes, agité au vent de la mitraille,

5.

sombrait dans la fumée ; alors une voix s'élevait grave et fière, dominant la fusillade, les râles, les jurons des blessés : « Au drapeau ! mes enfants, au drapeau !... » Aussitôt un officier s'élançait, vague comme une ombre dans ce brouillard rouge, et l'héroïque enseigne, redevenue vivante, planait encore au-dessus de la bataille. Vingt-deux fois elle tomba !... Vingt-deux fois sa hampe, encore tiède, échappée à une main mourante, fut saisie, redressée ; et lorsqu'au soleil couché, ce qui restait du régiment — à peine une poignée d'hommes — battit lentement en retraite, le drapeau n'était plus qu'une guenille aux mains du sergent Hornus, le vingt-troisième porte-drapeau de la journée.

Ce sergent Hornus était une vieille bête, à trois brisques, qui savait à peine signer son nom et avait mis vingt ans à gagner ses galons de sous-officier. Toutes les misères de l'enfant trouvé, tout l'abrutissement de la caserne se voyaient dans ce front bas et buté, ce dos voûté par le sac, cette allure inconsciente du troupier dans le rang. Avec cela, il était un peu bègue, mais, pour être porte-drapeau, on n'a pas besoin d'éloquence. Le soir même de la bataille, son colonel lui dit : « Tu as le drapeau, mon brave ; eh bien ! garde-le. » Et sur sa pauvre capote de campagne, déjà toute passée à la pluie et au feu, la cantinière surfila tout de suite un liséré d'or de sous-lieutenant.

Ce fut le seul orgueil de cette vie d'humilité.

Du coup, la taille du vieux troupier se redressa.

Ce pauvre être habitué à marcher courbé, les yeux à terre, eut désormais une figure fière, le regard toujours levé pour voir flotter ce lambeau d'étoffe et le maintenir bien droit, bien haut, au-dessus de la mort, de la trahison, de la déroute. Vous n'avez jamais vu d'homme si heureux qu'Hornus les jours de bataille, lorsqu'il tenait sa hampe à deux mains, bien affermie dans son étui de cuir. Il ne parlait pas, il ne bougeait : sérieux comme un prêtre, on aurait dit qu'il tenait quelque chose de sacré. Toute sa vie, toute sa force était dans ses doigts crispés autour de ce beau haillon doré sur lequel se ruaient les balles, et dans ses yeux pleins de défi qui regardaient les Prussiens bien en face, d'un air de dire : « Essayez donc de venir me le prendre !... »

Personne ne l'essaya, pas même la mort. Après Borny, après Gravelotte, les batailles les plus meurtrières, le drapeau s'en allait de partout, haché, troué, transparent de blessures, mais c'était toujours le vieil Hornus qui le portait.

Alphonse Daudet.

RÉDACTION FRANCAISE.

Écrivez à un de vos amis et racontez-lui l'histoire du sergent Hornus.

L'EXILÉ.

Lorsque je voyais, au déclin du jour, s'élever du creux d'un vallon la fumée de quelques chaumières, je me disais : « Heureux celui qui retrouve, le soir, le foyer domestique, et s'y assied au milieu des siens. » L'exilé partout est seul.

Où vont ces nuages que chasse la tempête ? Elle me chasse comme eux, et qu'importe où ? L'exilé partout est seul.

Ces arbres sont beaux, ces fleurs sont belles; mais ce ne sont pas les fleurs ni les arbres de mon pays : ils ne me disent rien. L'exilé partout est seul.

Ce ruisseau coule mollement dans la plaine; mais son murmure n'est pas celui qu'entendit mon enfance : il ne rappelle aucun souvenir à mon âme. L'exilé partout est seul.

Ces chants sont doux; mais les tristesses et les joies qu'ils réveillent ne sont ni mes tristesses ni mes joies. L'exilé partout est seul.

J'ai vu des vieillards entourés d'enfants, comme l'olivier de ses rejetons; mais aucun de ces vieillards ne m'appelait son fils, aucun de ces enfants ne m'appelait son frère. L'exilé partout est seul.

LAMENNAIS.

DÉVOUEMENT PATRIOTIQUE

DE LÉONIDAS ET DE SES COMPAGNONS

AUX THERMOPYLES.

Léonidas, en apprenant le choix de la diète, prévit sa destinée, et s'y soumit avec cette grandeur d'âme qui caractérisait alors sa nation ; il ne prit pour l'accompagner que trois cents Spartiates qui l'égalaient en courage, et dont il connaissait les sentiments.

Les éphores lui ayant représenté qu'un si petit nombre de soldats ne pouvait lui suffire : « Ils sont bien peu, répondit-il, pour arrêter l'ennemi ; mais ils ne sont que trop pour l'objet qu'ils se proposent. — Et quel est donc cet objet ? demandèrent les éphores. — Notre devoir, répliqua-t-il, est de défendre le passage ; notre résolution d'y périr. Trois cents victimes suffisent à l'honneur de Sparte. Elle serait perdue sans ressource, si elle me confiait tous ses guerriers ; car je ne présume pas qu'un seul d'entre eux osât prendre la fuite. »

Quelques jours après, on vit à Lacédémone un spectacle qu'on ne peut se rappeler sans émotion. Les compagnons de Léonidas honorèrent d'avance son trépas et le leur par un combat funèbre auquel leurs pères et leurs mères assistèrent. Cette cérémonie achevée, ils sortirent de la ville suivis de leurs parents et de leurs amis, dont ils reçurent les adieux éternels ; et ce fut là que la femme de Léonidas lui ayant demandé ses dernières volontés : « Je vous souhaite, lui dit-il, un époux digne de vous, et des enfants qui lui ressemblent. »

Léonidas plaça son armée auprès d'Anthéla, rétablit le mur des Phocéens, et jeta en avant quelques troupes pour en défendre les approches. Mais il ne suffisait pas de garder le passage qui est au pied de la montagne ; il existait, sur la montagne même, un sentier qui commençait à la plaine de Trachis, et qui, après différents détours, aboutissait auprès du bourg d'Alpénus.

Léonidas en confia la défense aux mille Phocéens, qu'il avait avec lui, et qui allèrent se placer sur les hauteurs du mont Œta.

Ces dispositions étaient à peine achevées, que l'on vit l'armée de Xerxès se répandre dans la Trachinie, et couvrir la plaine d'un nombre infini de tentes. A cet aspect, les Grecs délibérèrent sur le parti qu'ils avaient à prendre. La plupart des chefs proposaient de se retirer à l'isthme ; mais Léonidas ayant rejeté cet avis, on se contenta, de faire partir des courriers pour presser les secours des villes alliées.

Alors parut un cavalier perse, envoyé par Xerxès pour reconnaître les ennemis.

Le poste avancé des Grecs était, ce jour-là, composé de Spartiates : les uns s'exerçaient à la lutte, les autres peignaient leur chevelure ; car leur premier soin, dans ces sortes de dangers, est de parer leurs têtes. Le cavalier eut le loisir d'en approcher, de les compter, de se retirer, sans qu'on daignât prendre garde à lui. Comme le mur lui dérobait la vue du reste de l'armée, il ne rendit compte à Xerxès que de trois cents hommes qu'il avait vus à l'entrée du défilé.

Le roi, étonné de la tranquillité des Lacédémoniens, attendit quelques jours pour leur laisser le temps de la réflexion. Le cinquième, il écrivit à Léonidas : « Si tu veux te soumettre, je te donnerai l'empire de la Grèce. » Léonidas répondit : « J'aime mieux mourir pour ma patrie que de l'asservir. » Une seconde lettre du roi ne contenait que ces mots : « Rends-moi tes armes. » Léonidas écrivit au-dessous : « Viens les prendre. »

Xerxès, outré de colère, fait marcher les Mèdes et les Cissiens, avec ordre de prendre ces hommes en vie et de les lui amener sur-le-champ. Quelques soldats coururent à Léonidas et lui dirent : « Les Perses sont près de nous. » Il répondit froidement : « Dites plutôt que nous sommes près d'eux. » Aussitôt il sort du retranchement avec l'élite de ses troupes, et donne le signal du combat. Les Mèdes s'avancent en fureur ; leurs premiers rangs tombent percés de coups ; ceux qui les remplacent éprouvent le même sort.

Les Grecs, pressés les uns contre les autres et couverts de grands boucliers, présentent un front nérissé de longues piques. De nouvelles troupes se succèdent vainement pour les rompre. Après plusieurs attaques infructueuses, la terreur s'empare des Mèdes ; ils fuient et sont relevés par le corps des dix mille Immortels que commandait Hydarnes. L'action devint alors plus meurtrière. La valeur était peut-être égale de part et d'autre ; mais les Grecs avaient pour eux l'avantage des lieux et la supériorité des armes. Les piques des Perses étaient trop courtes ; et leurs boucliers trop petits ; ils perdirent beaucoup de monde ; et Xerxès, témoin de leur fuite, s'élança, dit-on, plus d'une fois de son trône et craignit pour son armée.

Le lendemain le combat recommença, mais avec si peu de succès de la part des Perses, que Xerxès désespérait de forcer le passage. L'inquiétude et la honte agitaient son âme orgueilleuse et pusillanime, lorsqu'un habitant de ces cantons, nommé Epialtès, vint lui découvrir le sentier fatal par lequel on pouvait tourner les Grecs. Xerxès, transporté de joie, détacha aussitôt Hydarnès avec le corps des Immortels. Epialtès leur sert de guide : ils partent au commencement de la nuit ; ils pénètrent le bois de chênes dont les flancs de ces montagnes sont couverts, et parviennent vers les lieux où Léonidas avait placé un détachement de son armée. Hydarnès le prit pour un corps de Spartiates ; mais, rassuré par Epialtès qui reconnut les Phocéens, il se préparait au combat, lorsqu'il vit ces derniers, après une légère défense, se réfugier sur les hauteurs voisines. Les Perses continuèrent leur route.

Pendant la nuit, Léonidas avait été instruit de leur projet par des transfuges échappés du camp de Xerxès; et le lendemain matin il le fut de leurs succès par des sentinelles accourues du haut de la montagne. A cette terrible nouvelle, les chefs des Grecs s'assemblèrent. Comme les uns étaient d'avis de s'éloigner des Thermopyles, les autres d'y rester, Léonidas les conjura de se réserver pour des temps plus heureux, et déclara que, quant à lui et à ses compagnons, il ne leur était pas permis de quitter un poste que Sparte leur avait confié. Les Thespiens protestèrent qu'ils n'abandonneraient point les Spartiates ; les quatre cents Thébains, soit de gré, soit de force, prirent le même parti ; le reste de l'armée eut le temps de sortir du défilé.

Cependant Léonidas se disposait à la plus hardie des entreprises : « Ce n'est point ici, dit-il à ses compagnons, que nous devons combattre : il faut marcher à la tente de Xerxès, l'immoler ou périr au milieu de son camp. » Ses soldats ne répondirent que par un cri de joie. Il leur fit prendre un repas frugal en ajoutant : « Nous en prendrons bientôt un autre chez Pluton. » Toutes ces paroles laissaient une impression profonde dans les esprits. Près d'attaquer l'ennemi, il est ému sur le sort de deux Spartiates qui lui étaient unis par le sang et par l'amitié ; il donne au premier une lettre, au second une commission secrète pour les magistrats de Lacédémone. « Nous ne sommes pas ici, lui disent-ils, pour porter des ordres, mais pour combattre » ; et, sans attendre sa réponse, ils vont se placer dans les rangs qu'on leur avait assignés.

Au milieu de la nuit, les Grecs, Léonidas à leur tête, sortent du défilé, avancent à pas redoublés dans la plaine, renversent les postes avancés, et pénètrent dans la tente de Xerxès qui avait déjà pris la fuite ; ils entrent dans les tentes voisines, se répandent dans le camp et se rassasient du carnage. La terreur qu'ils inspirent se reproduit à chaque pas, à chaque instant, avec des circonstances effrayantes. Des bruits sourds, des cris affreux annoncent que les troupes d'Hydarnès sont détruites, que toute l'armée le sera bientôt par les forces réunies de la Grèce. Les plus courageux des Perses, ne pouvant entendre la voix de leurs généraux, ne sachant où porter leurs pas, où diriger leurs coups, se jetaient au hasard dans la mêlée et périssaient par les mains les uns des autres, lorsque les premiers rayons du soleil offrirent à leurs yeux le petit nombre de vainqueurs. Ils se forment aussitôt et attaquent les Grecs de toutes parts.

Léonidas tombe sous une grêle de traits. L'honneur d'enlever son corps engage un combat terrible entre ses compagnons et les troupes les plus aguerries de l'armée persane.

Deux frères de Xerxès, quantité de Perses, plusieurs Spartiates y perdirent la vie. A la fin, les Grecs, quoique épuisés et affaiblis par leurs pertes, enlèvent le général, repoussent quatre fois l'ennemi dans leur retraite ; et, après avoir gagné le défilé, franchissent le retranchement et vont se placer sur la petite colline qui est auprès d'Anthéla ; ils s'y défendirent encore quelques moments, et contre les troupes qui les suivaient, et contre celles qu'Hydarnès amenait de l'autre côté du droit.

Deux Spartiates seulement échappèrent à cette glorieuse catastrophe : ils furent notés d'infamie. L'un deux se tua, et l'autre périt bientôt après au combat de Platée. Un monument élevé sur le terrain même des Thermopyles, reçut cette inscription : « Passant, va dire à Sparte que nous sommes morts ici pour obéir à ses lois. »

Barthélemy. — Voyage d'Anacharsis.

RÉDACTION FRANÇAISE.

Raconter le combat des Thermopyles et le dévouement de Léonidas et de ses compagnons.

DÉMOSTHÈNE ARRÊTE PHILIPPE

AUX THERMOPYLES.

Si quelqu'un de vous regarde Philippe comme un ennemi redoutable, en le voyant à la tête d'une puissante armée, et maître de toutes nos places, sa crainte est fondée ; mais aussi faites réflexion qu'il fut un temps où nous étions les maîtres de Pydna, de Potidée et de Méthone, et de toute cette vaste enceinte de pays adjacents. Rappelez-vous que plusieurs des peuples qui combattent maintenant avec Philippe, se gouvernaient alors par leurs propres lois, jouissaient d'une entière indépendance, et recherchaient beaucoup plus notre amitié que la sienne. Si donc Philippe eût alors raisonné comme vous faites aujourd'hui, s'il eût regardé les Athéniens comme redoutables, en les voyant maîtres de toutes les places fortes qui commandent son pays, et en se voyant lui-même sans alliés, il n'eût jamais rien entrepris de tout ce qu'il a exécuté ; jamais il ne se fût élevé à ce haut degré de puissance. Mais il savait très bien que toutes ces places étaient autant de prix exposés aux yeux des combattants et destinés au vainqueur. Il savait que, selon le cours ordinaire de la nature, les absents sont dépouillés par les présents, et ceux qui fuient les dangers et les travaux par ceux qui les affrontent. C'est en suivant de telles maximes qu'il a tout subjugué, tout envahi; qu'il règne partout, ici à titre de conquérant, là sous le titre d'ami et d'allié : car on recherche l'alliance et l'amitié de ceux que l'on voit toujours préparés et résolus à faire ce qu'exigent les circonstances.

Si vous voulez donc, Athéniens, raisonner comme Philippe, et cela dès aujourd'hui, puisque vous ne l'avez pas fait plutôt; si chacun de vous, écartant tous les vains prétextes, se montre prêt à rendre à la patrie tous les services qui soient en son pouvoir et que demandent les circonstances ; si tous les citoyens veulent concourir au bien public, les riches en contribuant de leurs fortunes, les jeunes en prenant les armes ; en un mot, si chacun de vous est résolu de ne s'attendre qu'à lui-même et de sortir de son inaction en cessant de se flatter que, tandis qu'il ne fera rien, son voisin fera tout pour lui ; soyez assurés qu'avec l'aide des dieux vous recouvrerez tout ce qui vous appartient, que vous réparerez toutes les pertes causées par votre négligence, et que vous tirerez une vengeance éclatante de votre ennemi. Car ne vous figurez pas que cet homme soit un dieu qui jouisse d'une félicité immuable ; il est haï, craint, envié par ceux-là mêmes qui paraissent les plus dévoués à ses intérêts ; car ils ne sauraient être exempts des passions qui animent les autres hommes : mais tous ces sentiments restent ensevelis dans le fond des cœurs, faute de l'appui nécessaire pour éclater impunément ; appui qui leur manque par cette inaction où vous languissez maintenant, et dont il faut que vous sortiez enfin.

Voyez à cet effet à quel point est montée l'insolence de cet homme : il ne vous laisse plus le choix de l'action ou du repos, mais il vous menace ; il vous parle, à ce qu'on dit, d'un ton plein d'arrogance ; il ne peut se contenter de ce qu'il a déjà envahi, mais il s'agrandit tous les jours par de nouvelles conquêtes ; et, tandis que vous temporisez, que vous ne faites pas le moindre mouvement, il vous enveloppe et vous investit de toutes parts.

Quand est-ce donc, Athéniens, quand est-ce que vous

ferez ce que demande le salut de l'État? Attendez-vous quelque nouvel événement ? Attendez-vous, grands dieux, que la nécessité vous y force ? Mais, de quel œil regardez-vous donc tout ce qui se passe ? Pour moi, je ne connais pas de nécessité plus pressante pour les hommes libres que la honteuse situation de leurs affaires. Ne voulez-vous jamais faire autre chose que vous demander les uns aux autres, en vous promenant sur la place publique : Qu'y a-t-il de nouveau? Et, que peut-il y avoir de plus nouveau que de voir un Macédonien vainqueur d'Athènes et arbitre souverain de la Grèce ? Philippe est-il mort? dit l'un. Non, répond un autre ; il n'est que malade. Et que vous importe qu'il soit mort ou vivant ? puisque, s'il n'existait plus, vous vous feriez bientôt à vous-mêmes un autre Philippe, en gardant toujours la même conduite ; car celui-ci doit son agrandissement bien moins à sa valeur qu'à votre indolence.

Je dis donc, Athéniens, qu'il faut d'abord armer cinquante galères et vous résoudre à les monter vous-mêmes, si les circonstances l'exigent ; outre cela, il faut équiper pour la moitié de la cavalerie, un nombre suffisant de vaisseaux de charge et de transport.

C'est l'unique moyen d'arrêter les fréquentes irruptions que le roi de Macédoine fait du côté des Thermopyles, dans la Chersonèse, dans le territoire d'Olynthe, partout où l'entraîne son ambition. Il faut une bonne fois lui apprendre que vous êtes sortis de votre profond assoupissement, et que vous allez fondre sur lui, avec la même ardeur, avec laquelle vous avez autrefois porté vos armes dans l'Eubée, ensuite vers Haliarte, et tout récemment encore aux Thermopyles. Quand même vous n'exécuteriez pas de point en point le plan que je vous propose, vous en retirerez toujours un avantage considérable ; lorsque Philippe sera instruit de vos préparatifs (et il le sera très exactement ; car vous n'avez ici, Athéniens, oui, vous n'avez ici que trop de gens fidèles à l'avertir de tout ce qui· se passe); Philippe, dis-je, étant informé de vos préparatifs, se tiendra par crainte renfermé dans ses États ; ou s'il néglige de pareils avis, vous le surprendrez sans défense, puisqu'à la première occasion qui se présentera, rien ne vous empêchera de descendre en Macédoine. Voilà le plan que je vous propose, et je crois que vous devez l'approuver, et le mettre à exécution.

DÉMOSTHÈNE.

Première Philippique. — Trad. de Planche.

HORATIUS COCLÈS.

Porséna, qui avait fait inutilement quelques propositions au Sénat pour recevoir les Tarquins, partit à la tête de son armée, vint attaquer le Janicule qu'il prit du premier assaut, et s'avança aussitôt vers Rome, persuadé qu'il viendrait aisément à bout d'emporter la place. Quand il fut arrivé au pont, et qu'il vit les Romains rangés en bataille devant le fleuve, il se prépara à donner le combat, comptant les accabler par le nombre de ses troupes. Les deux armées en étant venues aux mains, se battirent avec beaucoup de valeur, et furent longtemps à se disputer la victoire. Après un grand carnage de part et d'autre, Valérius et Lucrétius ayant été blessés, l'armée romaine commença à plier, et fut bientôt mise en déroute. Tous se sauvèrent dans la ville par le pont qui aurait donné en même temps passage aux ennemis, si Rome n'eût trouvé dans l'héroïsme d'un de ses citoyens un rempart aussi ferme qu'eussent pu être les plus fortes murailles. Ce fut P. Horatius, surnommé Coclès, parce qu'il n'avait qu'un œil, ayant perdu l'autre dans un combat.

C'était l'homme le mieux fait et le plus intrépide qui fût parmi les Romains. Il descendait de M. Horatius, si fameux par la défaite des trois Albains.

Il n'y eut point de moyen qu'il n'employât pour arrêter les fuyards. Mais, voyant que ni prières, ni exhortations ne pouvaient vaincre la peur qui les emportait, il résolut, quelque mal accompagné qu'il pût être, de défendre la tête du pont, pendant qu'on le romprait par derrière. Il ne se trouva que deux Romains, qui voulurent imiter son courage, et partager avec lui le danger. Et même lorsqu'il vit qu'il ne restait plus qu'un petit passage sur le pont, il les obligea de se retirer et de se mettre en sûreté. Resté seul contre une armée entière, mais conservant toute son intrépidité, il osait même insulter ce nombre prodigieux d'ennemis; et, lançant des regards terribles sur les principaux des Toscans, tantôt il les défiait au combat d'homme à homme, tantôt il leur faisait à tous de sanglants reproches. « Vils esclaves que vous êtes des rois superbes et orgueilleux, leur disait-il, non contents d'oublier votre propre liberté, vous voulez la ravir à ceux qui ont eu le courage de se la procurer. »

Couvert de son bouclier, il essuya une grêle de traits. Enfin, lorsqu'ils se préparaient à s'élancer tous sur lui, le pont se trouva entièrement rompu; et Coclès s'étant jeté avec ses armes dans le Tibre, le passa heureusement à la nage, ayant fait une action, dit Tite-Live, qui trouvera dans la postérité plus de disposition à l'admirer, qu'à la croire. Il fut reçu comme en triomphe par les Romains. Le peuple lui éleva, dans l'endroit le plus apparent de la place, une statue d'airain qui le représentait armé. On lui donna, sur le domaine de la république, autant de terres qu'il en pourrait enfermer en un jour dans le sillon que tirerait en forme de cercle une charrue. Tous les particuliers, hommes et femmes indifféremment, voulurent contribuer à sa récompense: et, dans les circonstances où l'on se trouvait de la plus affreuse disette, de trois cent mille têtes dont la ville était composée, chacun, en se privant d'une partie de son nécessaire, lui fit un petit présent de blé.

Porsenna, ayant manqué sa première entreprise, forma le siège de la ville, et se mit à ravager toutes les campagnes voisines. La perte qu'il fit de plus de cinq mille hommes dans une sortie, où les consuls avaient dressé une embuscade à ses troupes, le détermina à changer le siège en blocus, dans l'espérance de réduire Rome par la famine. En effet, la disette devint fort grande, et ce qu'on recevait de vivres par le Tibre ne suffisait pas pour faire subsister la ville encore longtemps.

ROLLIN.

RÉDACTION FRANÇAISE.

Rappelez le dévouement d'Horatius Coclès.

MUCIUS SCÆVOLA.

Un second prodige de hardiesse, non moins surprenant que celui d'Horatius Coclès, la tira de l'extrême danger où elle se trouvait. C. Mucius, jeune homme d'une naissance illustre, indigné de voir que Rome devenue libre se trouvât dans un état plus triste qu'elle n'avait jamais été sous les rois, forma le dessein de délivrer sa patrie de cette honte par quelque entreprise

nouvelle et hardie. Il passe dans le camp des ennemis,
après en avoir demandé la permission au Sénat, en faisant entendre qu'il méditait quelque grand projet, mais
sans l'expliquer clairement. Il trompe les gardes, qui le
prennent pour un homme de la nation, parce qu'il ne
paraissait porter aucune arme, et qu'il parlait la langue
du pays, qu'il avait apprise autrefois de la nourrice qui
l'avait élevé. Il pénètre jusque la tente du roi, lequel
accompagné d'un secrétaire vêtu à peu près comme lui,
payait la solde à ses troupes. Mucius, ne voulant pas
demander lequel était le roi, de peur de se découvrir,
et voyant que les soldats s'adressaient plus souvent au
secrétaire, se détermine enfin, et tue celui-ci avec son
poignard, au lieu du roi. Il est saisi sur-le-champ, malgré toute sa résistance ; et traîné devant le tribunal de
ce roi irrité ; mais alors même, à la vue de mille affreux
supplices qui le menacent, il paraît dans une contenance
intrépide, plus capable d'inspirer de la terreur que de
s'en laisser ébranler : « Je suis Romain, dit-il, mon
nom est Mucius. J'ai voulu tuer l'ennemi de ma patrie ;
et je n'ai pas moins de courage pour souffrir la mort,
que j'en ai fait paraître en voulant te la donner. Il est
également digne d'un Romain d'agir avec courage et
de souffrir avec constance. Je ne suis pas le seul qui
aie formé ce dessein contre toi. Beaucoup d'autres
après moi aspirent à la même gloire. Prépare-toi donc
à des alarmes continuelles, à te voir à chaque moment
courir risque de ta vie, à trouver toujours à l'entrée de
la tente un ennemi secret qui épie le moment de t'attaquer. C'est là la guerre que te déclare la jeunesse

romaine. Ne crains point de bataille générale. Tu seras seul attaqué, et tu n'auras à te défendre que contre un seul ennemi. »

Le roi, plein de colère, et en même temps frappé du danger dont Mucius le menaçait, ordonne de l'environner de flammes, pour l'obliger à s'expliquer nettement. Mais le Romain, sans s'étonner : « Vois, dit-il en mettant la main sur un brasier ardent, vois combien méprisent leurs corps ceux qui envisagent une gloire immortelle. » Il la laissait brûler, comme s'il eût été insensible. Alors Porsenna, tout hors de lui-même à la vue d'un tel prodige, saute à bas de son tribunal, et ayant fait enlever Mucius loin de ce brasier : « Retire-toi, lui dit-il, jeune homme, encore plus ennemi de toi même que de moi. Je t'encouragerais à ne point dégénérer d'une telle vertu, si c'était pour ma patrie que tu en fisses usage. Au moins, je te laisse aller en liberté, sans que tu aies rien à craindre de ce que les lois de la guerre me donnent droit de te faire souffrir. » Alors Mucius, comme pour reconnaître sa générosité, lui déclare qu'ils étaient trois cents qui avaient conspiré contre lui : qu'il était le premier sur qui le sort était tombé, et que les autres viendraient chacun à leur rang. Cette action fit donner à Mucius le surnom de Scævola, parce qu'ayant perdu l'usage de la main droite, il y substitua celui de la gauche.

ROLLIN.

RÉDACTION FRANÇAISE.

Prodige de hardiesse et de courage de Mucius Scævola.

CLÉLIE.

Porsenna, intimidé par le danger qu'il venait de courir et par la vue de ceux auxquels il s'attendait d'être exposé tous les jours, songea sérieusement à faire la paix. Il en fit proposer les conditions par des ambassadeurs, qui partirent avec Mucius pour Rome.

Ils demandèrent d'abord, pour la forme seulement, le rétablissement des Tarquins ; mais après le premier refus, ils n'insistèrent pas d'avantage. Ils se réduisirent à exiger que les Romains remissent à leur maitre un certain territoire qui avait originairement appartenu aux Étrusques, et qui leur avait été enlevé par la force des armes ; et que, pour gage de la foi donnée, ils livrassent au roi un certain nombre de jeunes personnes des plus nobles familles de Rome. Ces conditions furent acceptées avec joie.

Dès qu'on eut livré les otages, Porsenna fit sortir les troupes du Janicule. Les otages étaient au nombre de vingt : dix jeunes patriciens et autant de filles de condition. Entre ces dernières était la jeune Clélie, d'une des premières maisons de Rome. Les honneurs dont elle avait vu récompenser le mérite de Coclès et de Mucius, l'animèrent à en mériter de pareils. Elle osa, pour se tirer des mains de Porsenna, passer le Tibre à la nage à la tête de ses compagnes, et rentra avec elles dans Rome comme en triomphe. Valère, qui craignit qu'on ne le soupçonnât d'avoir favorisé cette fuite, et que l'on ne prit l'audace de ces filles pour une perfidie des Romains, les renvoya sur-le-champ à Porsenna.

Tarquin, qui en avait eu avis et qui s'était exprès posté sur le chemin, les aurait enlevées, sans la rencontre imprévue d'Aruns, fils du roi de Clusium, qui les escorta jusqu'au camp. Le roi, juste appréciateur du mérite partout où il l'aperçoit, donna de grands éloges à la jeune Clélie; et, pour marque de son estime, il lui fit présent d'un beau cheval superbement enharnaché, lui permit de s'en retourner, et d'emmener avec elle la moitié des otages à son choix. Elle se condüisit dans ce choix d'une façon qui lui fit honneur : elle préféra les plus jeunes, parce que leur âge les exposait davantage.

Porsenna, touché de tant d'actions dont il avait été le témoin, ne put s'empêcher de relever le bonheur d'une ville qui portait, non seulement tant de grands hommes, mais encore des jeunes filles qui disputaient aux hommes le mérite du courage et l'élévation des sentiments. Il rendit aux Romains tous les prisonniers, qui étaient en grand nombre, sans exiger de rançon. Il leur donna, pour marque de sa générosité, son camp, avec toutes les richesses qni y étaient, ayant ordonné à ses troupes d'y laisser tout leur bagage, à la réserve de leurs armes, et lui-même y laissa le sien. Ainsi finit la guerre que les Romains eurent à soutenir contre Porsenna, roi des Clusiens dans l'Étrurie, dans laquelle la république s'était vue à deux doigts de sa perte.

L'armée des Étrusques s'étant retirée, le Sénat s'assembla, et l'on résolut d'envoyer à Porsenna, pour marque d'honneur et de reconnaissance, la chaire d'ivoire, le sceptre, la couronne d'or et la robe triomphante qui servaient aux rois des Romains. On voulut ensuite reconnaître les services de Mucius, qui s'était généreusement offert à la mort pour le salut de sa patrie, et qui, par son dévouement, avait acheminé les affaires à une heureuse paix. On lui donna, comme à Horatius Coclès, autant de terres au delà du Tibre qu'il en pourrait enfermer en un jour dans le sillon que tirerait en forme de cercle une charrue ; ces terres s'appelèrent depuis les prés de Mucius. La jeune Clélie eut aussi sa récompense, qui fut aussi singulière que l'était son action.

On lui éleva une statue équestre dans la rue Sacrée, qui menait à la place des Comices ; et les pères des filles, ses compagnes, qui avaient eu part à sa gloire, en firent la dépense.

Ces honneurs, accordés à Coclès, à Scævola, à Clélie, marquent dans le peuple romain un esprit attentif à mettre la vertu en honneur, à animer dans les citoyens un zèle actif pour la patrie, et à piquer d'une noble émulation tous ceux qui étaient en état de la servir.

ROLLIN.

RÉDACTION FRANÇAISE

Émulation patriotique de Clélie.

LE PAYS NATAL.

Combien j'ai douce souvenance
Du joli lieu de ma naissance,
Ma sœur, qu'ils étaient beaux ces jours
    De France !
O mon pays, sois mes amours
    Toujours !
Te souvient-il que notre mère,
Au foyer de notre chaumière,
Nous pressait sur son cœur joyeux,
    Ma chère !
Et nous baisions ses blancs cheveux,
    Tous deux !

Ma sœur te souvient-il encore
Du château que baignait la Dore
Et de cette vieille tour
     Du Maure
Où l'airain sonnait le retour
     Du jour ?
Te souvient-il du lac tranquille
Qu'effleurait l'hirondelle agile,
Du vent qui courbait le roseau
     Mobile,
Et du soleil couchant sur l'eau
     Si beau ?
Oh ! qui me rendra mon Hélène,
Et ma montagne et le grand chêne ?
Leur souvenir fait tous les jours
     Ma peine ;
Mon pays sera mes amours
     Toujours.

CHATEAUBRIAND.

LES ENFANTS DE LA FRANCE.

Reine du monde, ô France, ô ma patrie !
Soulève enfin ton front cicatrisé.

Sans qu'à tes yeux leur gloire en soit flétrie,
De tes enfants l'étendard s'est brisé.
Qnand la fortune outrageait leur vaillance,
Quand de tes mains tombait le sceptre d'or,
    Tes ennemis disaient encor :
    Honneur aux enfants de la France !
De tes grandeurs tu sus te faire absoudre,
France, et ton nom triomphe des revers.
Tu peux tomber, mais c'est comme la foudre
Qui se relève et gronde au haut des airs.
Le Rhin aux bords ravis à ta puissance,
Porte à regret le tribut de ses eaux ;
    Il crie au fond de ses roseaux :
    Honneur aux enfants de la France !
Pour effacer des coursiers du Barbare
Les pas empreints dans tes champs profanés,
Jamais le ciel te fut-il moins avare ?
D'épis nombreux vois ces champs couronnés.
D'un vol fameux prompts à venger l'offense,
Vois les beaux-arts, consolant leurs autels,
    Y graver en traits immortels :
    Honneur aux enfants de la France !
Prête l'oreille aux accents de l'histoire :
Quel peuple ancien devant toi n'a tremblé ?
Quel nouveau peuple, envieux de ta gloire,
Ne fut cent fois de ta gloire accablé ?
En vain l'Anglais a mis dans la balance
L'or que pour vaincre ont mendié les rois,
    Des siècles entends-tu la voix ?
    Honneur aux enfants de la France !

Relève-toi, France, reine du monde !
Tu vas cueillir tes lauriers les plus beaux.
Oui, d'âge en âge, une palme féconde
Doit de tes fils protéger les tombeaux.
Que près du mien, telle est mon espérance,
Pour la patrie admirant mon amour,
    Le voyageur répète un jour :
    Honneur aux enfants de la France !

BÉRANGER.

LE RETOUR DANS LA PATRIE.

    Qu'il va lentement le navire
    A qui j'ai confié mon sort !
    Au rivage où mon cœur aspire,
    Qu'il est lent à trouver un port !
       France adorée !
       Douce contrée !
Mes yeux cent fois ont cru te découvrir.
       Qu'un vent rapide
       Soudain nous guide.
Aux bords sacrés où je reviens mourir.

Mais enfin le matelot crie :
« Terre ! terre ! là-bas, voyez ! »
Ah ! tous mes maux sont oubliés.
   Salut à ma patrie !
Oui, voilà les rives de France ;
Oui, voilà le port vaste et sûr,
Voisin des champs où mon enfance
S'écoula sous un chaume obscur.
      France adorée !
      Douce contrée !
Après vingt ans je te revois ;
     De mon village
     Je vois la plage.
Je vois fumer la cime de nos toits.
   Combien mon âme est attendrie !
Là, furent mes premiers amours ;
Là, ma mère m'attend toujours.
   Salut à ma patrie !
Loin de mon berceau, jeune encore,
L'inconstance emporta mes pas
Jusqu'au sein des mers où l'aurore
Sourit aux plus riches climats.
      France adorée !
      Douce contrée !
Dieu te devait leurs fécondes chaleurs.
     Toute l'année,
     Là, brille ornée
De fleurs, de fruits, et de fruits et de fleurs ;
   Mais là, ma jeunesse flétrie
Rêvait à des climats plus chers,

Là, je regrettais nos hivers.
> Salut à ma patrie !
Poussé chez les peuples sauvages
Qui m'offraient de régner sur eux,
J'ai su défendre leurs rivages
Contre des ennemis nombreux.
> France adorée !
> Douce contrée !
Tes champs alors gémissaient envahis,
> Puissance et gloire,
> Cris de victoire,
Rien n'étouffa la voix de mon pays.
De tout quitter mon cœur me prie ;
Je reviens pauvre, mais content,
Une bêche est là qui m'attend.
> Salut à ma patrie !
Au bruit des transports d'allégresse,
Enfin le navire entre au port.
Dans cette barque où l'on se presse,
Hâtons-nous d'atteindre le bord.
> France adorée !
> Douce contrée !
Puissent tes fils te revoir ainsi tous !
> Enfin j'arrive
> Et sur la rive
Je rends au ciel, je rends grâce à genoux.
Je t'embrasse, ô terre chérie !
Dieu ! qu'un exilé doit souffrir !
Moi, désormais, je puis mourir.
> Salut à ma patrie !   BÉRANGER.

7

LE RETOUR AU PAYS NATAL.

Oui, je reviens à toi, berceau de mon enfance,
Embrasser pour jamais tes foyers protecteurs ;
Loin de moi les cités et leur vaine opulence :
    Je suis né parmi les pasteurs.
Enfant, j'aimais comme eux à suivre dans la plaine
Les agneaux pas à pas, égarés jusqu'au soir ;
A revenir comme eux baigner leur blanche laine
    Dans l'eau courante du lavoir.
J'aimais les voix du soir dans les airs répandues,
Le bruit lointain des chars gémissant sous leur poids,
Et le sourd tintement des cloches suspendues
    Au cou des chevreaux dans les bois.
Beaux lieux recevez-moi sous vos sacrés ombrages ;
Vous qui couvrez le seuil de rameaux éplorés,
Saules contemporains, courbez vos longs feuillages
    Sur le frère que vous pleuriez.

LAMARTINE.

LES HIRONDELLES.

Captif au rivage du More,
Un guerrier, courbé sous les fers,
Disait : Je vous revois encore,
Oiseaux ennemis des hivers.
Hirondelles, que l'espérance
Suit jusqu'en ces brûlants climats,
Sans doute vous quittez la France :
De mon pays ne me parlez-vous pas ?
Depuis trois ans, je vous conjure
De m'apporter un souvenir
Du vallon où ma vie obscure
Se berçait d'un doux souvenir.
Au détour d'une eau qui chemine
A flots purs, sous de frais lilas,
Vous avez vu notre chaumine ;
De ce vallon ne me parlez-vous pas ?
L'une de vous peut-être est née
Au toit où j'ai reçu le jour...
Là d'une mère infortunée
Vous avez dû plaindre l'amour.

Mourante elle croit à toute heure
Entendre le bruit de mes pas...
Elle écoute, et puis elle pleure :
De son amour ne me parlez-vous pas ?
Ma sœur est-elle mariée ?
Avez-vous vu de nos garçons
La foule, aux noces conviée,
La célébrer dans leurs chansons ?
Et ses compagnons du jeune âge
Qui m'ont suivi dans les combats,
Ont-ils revu tous le village ?
De tant d'amis ne me parlez-vous pas ?
Sur leur corps l'étranger, peut-être,
Du vallon reprend le chemin ;
Sous mon chaume il commande en maître,
De ma sœur il trouble l'hymen.
Pour moi plus de mère qui prie,
Et partout des fers ici-bas.
Hirondelles de ma patrie,
De ses malheurs ne me parlez-vous pas ?

BÉRANGER.

TU SERAS SOLDAT.

Toi qui de si leste façon,
Mets ton fusil de bois en joue,
Un jour tu feras tout de bon
Ce dur métier que l'enfant joue.
Il faudra courir sac au dos,
Porter plus lourd que ces gros livres,
Faire étape avec des fardeaux,
Cent cartouches, trois jours de vivres.
Soleils d'été, brises d'hiver,
Mordront sur cette peau vermeille ;
Les balles de plomb et de fer
Te siffleront à chaque oreille.
Tu seras soldat, cher petit.
Tu sais, mon enfant, si je t'aime !
Mais, ton père t'en avertit,
C'est lui qui t'armera lui-même !
Quand le tambour battra demain,
Que ton âme soit aguerrie ;
Car j'irai t'offrir, de ma main,
A notre mère, la Patrie !
Tu vis dans toutes les douceurs,

Tu connais les amours sincères,
Tu chéris tendrement tes sœurs,
Ton père, et ta mère, et tes frères.
Sois fils et frère jusqu'au bout ;
Sois ma joie et mon espérance ;
Mais souviens-toi bien qu'avant tout,
Mon fils, il faut aimer la France !

V. DE LAPRADE.

LA SORTIE.

(Janvier 1871.)

L'aube froide blémit, vaguement apparue,
Une troupe défile en ordre dans la rue ;
Je la suis, entraîné par ce grand bruit vivant
Que font les pas humains quand ils vont en avant.
Ce sont des citoyens partant pour la bataille,
Purs soldats ! Dans les rangs, plus petit par la taille,
Mais égal par le cœur, l'enfant avec fierté
Tient par la main son père, et la femme à côté
Marche avec le fusil du mari sur l'épaule.
C'est la tradition des femmes de la Gaule

D'aider l'homme à porter l'armure, et d'être là,
Soit qu'on nargue César, soit qu'un brave Attila.
Que va-t-il se passer ? L'enfant rit et la femme
Ne pleure pas. Paris subit la guerre infâme ;
Et les Parisiens sont d'accord sur ceci,
Que par la honte seule un peuple est obscurci,
Que les aïeux seront contents, quoi qu'il arrive,
Et que Paris mourra pour que la France vive.
Nous garderons l'honneur ; le reste nous l'offrons.
Et l'on marche. Les yeux sont indignés, les fronts
Sont pâles ; on y lit : « Foi, Courage, Famine. »
Et la troupe à travers les carrefours chemine.
Tête haute, élevant son drapeau, saint haillon ;
La famille est toujours mêlée au bataillon ;
On ne se quittera que là-bas aux barrières.
Ces hommes attendris et ces femmes guerrières
Chantent ; du genre humain Paris défend les droits.
Une ambulance passe, et l'on songe à ces rois
Dont le caprice fait ruisseler des rivières
De sang sur le pavé, derrières les civières.
L'heure de la sortie approche ; les tambours [bourgs ;
Battent la marche en foule au fond des vieux fau-
Tous se hâtent ; malheur à toi qui nous assièges !
Ils ne redoutent pas les pièges, car les pièges
Que trouvent les vaillants en allant devant eux
Font le vaincu superbe et le vainqueur honteux.
Ils arrivent aux murs, ils rejoignent l'armée.
Tout à coup le vent chasse un flocon de fumée ;
Halte ! c'est le premier coup de canon. Allons !
Un long frémissement court dans les bataillons ;

Le moment est venu, les portes sont ouvertes,
Sonnez, clairons ! Voici là-bas les plaines vertes,
Les bois où rampe au loin l'invisible ennemi,
Et le traître horizon, immobile, endormi,
Tranquille, et plein pourtant de foudres et de flammes.
On entend des voix dire : Adieu !—Nos fusils, femmes !
Et les femmes, le front serein, le cœur brisé,
Leur rendent leur fusil après l'avoir baisé.

VICTOR HUGO.

LE PORTE-DRAPEAU.

Porte-drapeau, mon camarade,
Au combat comme à la parade,
Ton chemin est notre chemin.
C'est un fier poste que ton grade !
Porte-drapeau, mon camarade,
Tu tiens la France dans ta main.
Nous irons où tu veux qu'on aille,
Vers cette foule qui tressaille...

Ils sont passés, les jours de pleurs,
Et viennent les jours de bataille,
Nous irons où tu veux qu'on aille
Faire acclamer nos trois couleurs.
Tous les Français qui sont en France
Savent quelle est ton espérance,
Et qui tes yeux cherchent là-bas.
Elle viendra la délivrance :
Tous les Français qui sont en France
Marchent vers ceux qui n'y sont pas.
Notre cocarde à leur corsage,
Maintes femmes sur ton passage
Ont murmuré : « Qu'il soit vainqueur ! »
O Françaises d'heureux présage !
Notre cocarde à leur corsage
Et la revanche dans leur cœur !
Et plus d'un pleurait sous les armes !
Larmes de héros, nobles larmes
Que la France doit vénérer !
Ce n'étaient pas des pleurs d'alarmes...
Et plus d'un pleurait sous les armes,
Dont les armes feront pleurer.
Non, ce n'est pas la gloire encore :
Avant le jour il faut l'aurore,
Le porte-drapeau le sait bien.
Mais le soleil est sûr d'éclore,
Non, ce n'est pas la gloire encore,
Mais c'est la fierté qui revient.
Autour du drapeau qui nous guide,
Tout un peuple attend, intrépide,

L'heure que nul ne peut prévoir.
L'homme espère, Dieu seul décide.
Autour du drapeau qui nous guide,
Tout un peuple est prêt au devoir.
Porte-drapeau, mon camarade,
Au combat comme à la parade,
Ton chem n est notre chemin.
C'est un fier poste que ton grade !
Porte-drapeau, mon camarade,
Tu tiens la France dans ta main.

PAUL DEROULÈDE.

LES SOLDATS DE L'AN II

O SOLDATS DE L'AN II ! O GUERRES ! ÉPOPÉES !

Contre toute l'Europe avec ses capitaines,
Avec ses fantassins couvrant au loin les plaines,
    Avec ses cavaliers,
Tout entière debout comme une Hydre vivante,
Ils allaient, — ils chantaient, — l'âme sans épouvante
    Et les pieds sans souliers,

Au levant, au couchant, partout, au sud, au pôle,
Avec de vieux fusils sonnant sur leur épaule,
    Passant torrents et monts,
Sans repos, sans sommeil, coudes percés, sans vivres,
Ils allaient, — fiers, joyeux, et soufflant dans des
                          [cuivres
    Ainsi que des démons.

La liberté sublime emplissait leur pensée.
Flottes prises d'assaut, frontières effacées
    Sous leur pas souverain,
O France ! tous les jours c'était quelque prodige,
Chocs, rencontres, combats, et Joubert sur l'Adige,
    Et Marceau sur le Rhin.

On battait l'avant-garde, on culbutait le centre ;
Dans la pluie et la neige, et de l'eau jusqu'au ventre,
    On allait ! En avant !
Et l'un offrait la paix, et l'autre ouvrait ses portes ;
Et les trônes roulant comme des feuilles mortes,
    Se dispersaient au vent.

Oh ! que vous étiez grands au milieu des mêlées,
Soldats ! l'œil plein d'éclairs, faces échevelées,
    Dans le noir tourbillon.
Ils rayonnaient, debout, ardents, dressant la tête,
Et comme les lions aspirent la tempête
    Quand souffle l'Aquilon.

Eux, dans l'emportement de leurs luttes épiques,
Ivres, ils savouraient tous les bruits héroïques,
    Le fer heurtant le fer,
La Marseillaise ailée et volant dans les balles,

Les tambours, les obus, les bombes, les cymbales
    Et ton rire, ô Kléber !
La Révolution leur criait : — Volontaires,
Mourez pour délivrer tous les peuples vos frères !—
    Contents, ils disaient oui.
— Allez, mes vieux soldats, mes généraux imberbes !
Et l'on voyait marcher ces va-nu-pieds superbes
    Sur le monde ébloui.
La tristesse et la peur leur étaient inconnues ;
    Is eussent, sans nul doute, escaladé les nues,
    Si ces audacieux,
En retournant les yeux dans leur course olympique,
Avaient vu derrière eux la grande République
    Montrant du doigt les cieux !

Victor Hugo.

TOUT POUR LA FRANCE.

Si vous voulez, dans votre cœur,
Quand mes os seront sous la terre,
Sauver ce que j'eus de meilleur,
Garder mon âme tout entière,

Aimez, sans vous lasser jamais,
Sans perdre un seul jour l'espérance,
Aimez-la comme je l'aimais :
      Aimez la France !
Qu'importent les labeurs ingrats
Et l'injustice populaire !
Travaillez de l'âme et des bras,
Et je vous réponds du salaire.
Conservez ma robuste foi ;
Vous aurez, de plus, la vaillance.
Enfants ! servez-la mieux que moi,
      Servez la France !
Servez-la dans l'obscurité
Avec la même idolâtrie ;
Arrière toute vanité,
Et gloire à toi, sainte Patrie !
Votre honneur, amis, c'est le sien ;
Humbles soldats de sa querelle,
Souffrez sans lui demander rien,
      Souffrez pour elle !
Vous tenez d'elle et des aïeux,
De ce grand passé qu'on envie,
Vos mœurs, votre esprit et vos dieux ;
Vous lui devez plus que la vie.
Ne marchandez pas votre sang,
Afin de la rendre immortelle...
Au premier rang, au dernier rang,
      Mourez pour elle !.

V. DE LAPRADE.

EXHORTATIONS PATRIOTIQUES.

Jusques à quand languir en ce lâche sommeil ?
De la force chez vous à quand donc le réveil ?
Quoi ! devant ces tribus qui peuplent la frontière
Vous ne rougissez point ! A l'ombre de la paix
Vous vous croyez assis, jeunes gens, et la guerre
Occupe tout : partout leurs bataillons épais
Vous menacent. Debout ! Affrontez leur furie ;
Lancez en expirant les derniers de vos traits.
Combattre pour ses fils, sa femme, sa patrie,
Est si noble et si beau ! Que craignez-vous ? La mort ?
Mais elle vient pour tous quand l'ordonne le sort.

    Aux armes ! Le combat s'engage :
    Sous le fer de vos boucliers
    Ramassez tout votre courage.
    Haut la lance ! jeunes guerriers.

Songez-y : nul n'échappe aux Parques dévorantes,
Nul, fût-il du sang de nos dieux éternels.
Tel fuyait au seul bruit des flèches résonnantes,
Qui rencontra la mort aux foyers paternels.
Mais celui-là, des siens, dans la nuit de la tombe
L'amour et les regrets ne l'accompagnent pas.
De l'autre, peuple, grands, tous pleurent le trépas.

La patrie est en deuil, quand le brave succombe :
   Vivant, il est l'égal des demi-dieux ;
   Il apparaît à tous les yeux
Comme la tour qui couvre une ville alarmée,
Et seul, par ses exploits, il vaut toute une armée.

Callinus, traduit par Baron.

LA VIE DE JEANNE-D'ARC.

Un jour que l'Océan gonflé par la tempête,
Réunissant les eaux de ses fleuves divers,
Fier de tout envahir, marchait à la conquête
   De ce vaste univers,
Une voix s'éleva du milieu des orages,
Et Dieu de tant d'audace invisible témoin,
Dit aux flots étonnés : « Mourez sur ces rivages,
   Vous n'irez pas plus loin. »
Ainsi, quand, tourmentés d'une impuissante rage,
Les soldats de Bedford, grossis par leurs succès,
   Menaçaient d'un prochain naufrage,
   Le royaume et le nom français,

Une femme, arrêtant ces bandes formidables,
Se montra dans nos champs de leur foule inondés,
Et ce torrent vainqueur expira dans les sables
Que naguère il couvrait de ses flots débordés.
Une femme paraît, une vierge, un héros ;
Elle arrache son maître aux langueurs du repos.
La France qui gémit se réveille avec peine,
Voit son trône abattu, voit ses champs dévastés,
    Se lève en secouant sa chaîne,
Et rassemble à ce bruit ses enfants irrités.
  Qui t'inspira, jeune et faible bergère,
  D'abandonner la houlette légère
  Et les tissus commencés par ta main ?
  Ta sainte ardeur n'a pas été trompée ;
  Mais quel pouvoir brise sous ton épée
  Les cimiers d'or et les casques d'airain ?
  L'aube du jour voit briller ton armure,
  L'acier pesant couvre ta chevelure,
  Et des combats tu cours braver le sort.
  Qui t'inspira de quitter ton vieux père,
  De préférer aux baisers de ta mère
  L'horreur des camps, le carnage et la mort ?
C'est Dieu qui l'a voulu, c'est le Dieu des armées
Qui regarde en pitié les pleurs des malheureux ;
C'est lui qui délivra nos tribus opprimées
    Sous le poids d'un joug rigoureux,
C'est lui, c'est l'Éternel, c'est le Dieu des armées !
L'ange exterminateur bénit ton étendard ;
Il mit dans tes accents un son mâle et terrible,
La force dans ton bras, la mort dans ton regard,

Et dit à la brebis paisible :
Va déchirer le léopard.
Richemont, La Hire, Xaintrailles,
Dunois, et vous, preux chevaliers,
Suivez ses pas dans les batailles,
Couvrez-la de vos boucliers ;
Couvrez-la de votre vaillance.
Soldats, c'est l'espoir de la France
Que votre roi vous a commis.
Marchez quand sa voix vous appelle,
Car la victoire est avec elle,
La fuite avec ses ennemis.
Apprenez d'une femme à forcer les murailles,
A gravir leurs débris sous des feux dévorants,
A terrasser l'Anglais, à porter dans ses rangs
Un bras fécond en funérailles !
Honneur à ses hauts faits ! guerriers, honneur à vous !
Chante, heureuse Orléans, les vengeurs de la France,
Chante ta délivrance :
Les assaillants nombreux sont tombés sous leurs coups.
Que sont-ils devenus ces conquérants sauvages
Devant le fer vainqueur qui combattait pour nous ?
Ce que deviennent des nuages
D'insectes dévorants dans les airs rassemblés,
Quand un noir tourbillon élancé des montagnes
Disperse en tournoyant ces bataillons ailés,
Et fait pleuvoir sur nos campagnes
Leurs cadavres amoncelés.
Aux yeux d'un ennemi superbe
Le lis a repris ses couleurs ;

Ses longs rameaux courbés sur l'herbe
Se relèvent couverts de fleurs.
Jeanne au front de son maître a posé la couronne.
A l'attrait des plaisir qui retiennent ses pas
La noble fille l'abandonne :
Délices de la cour, vous n'enchaînerez pas
L'ardeur d'une vertu si pure ;
Des armes, voilà sa parure,
Et ses plaisirs sont les combats.
Ainsi tout prospérait à son jeune courage.
Dieu conduisit deux ans ce merveilleux ouvrage.
Il se plut à récompenser
Pour la France et ses rois son amour idolâtre.
Deux ans il la soutint sur ce brillant théâtre,
Pour apprendre aux Anglais, qu'il voulait abaisser,
Que la France jamais ne périt tout entière ;
Que son dernier vengeur fût-il dans la poussière,
Les femmes, au besoin, pourraient les en chasser.

Casimir Delavigne.

LA MORT DE JEANNE-D'ARC

Silence au camp ! la vierge est prisonnière ;
Par un injuste arrêt Bedford croit la flétrir :

Jeune encore, elle touche à son heure dernière...
  Silence au camp ! la vierge va périr.
Des pontifes divins vendus à la puissance,
Sous les subtilités des dogmes ténébreux
  Ont accablé son innocence.
Les Anglais commandaient ce sacrifice affreux :
Un prêtre en cheveux blancs ordonna le supplice ;
Et c'est au nom d'un Dieu par lui calomnié,
D'un Dieu de vérité, d'amour et de justice,
Qu'un prêtre fut perfide, injuste et sans pitié.
Dieu, quand ton jour viendra, quel sera le partage
  Des pontifes persécuteurs ?
Oseront-ils prétendre au céleste héritage
  De l'innocent dont ils ont bu les pleurs ?
Ils seront rejetés ces pieux imposteurs
Qui font servir ton nom de complice à leur rage,
Et t'offrent pour encens la vapeur du carnage.
A qui réserve-t-on ces apprêts meurtriers ?
  Pour qui ces torches qu'on excite?
  L'airain sacré tremble et s'agite...
D'où vient ce bruit lugubre ? Où courent ces guerriers
Dont la foule à longs flots roule et se précipite?
  La joie éclate sur leurs traits,
  Sans doute l'honneur les enflamme ;
Ils vont pour un assaut former leurs rangs épais?
  Non, ces guerriers sont des Anglais
  Qui vont voir mourir une femme.
  Qu'ils sont nobles dans leur courroux !
Qu'il est beau d'insulter un bras chargé d'entraves !
La voyant sans défense, ils s'écriaient, ces bravos :

« Qu'elle meure ! elle a contre nous
« Des esprits infernaux suscité la magie. »
          Lâches ! que lui reprochez-vous ?
D'un courage inspiré la brûlante énergie,
L'amour du nom français, le mépris du danger,
          Voilà sa magie et ses charmes ;
          En faut-il d'autres que des armes,
Pour combattre, pour vaincre et punir l'étranger ?
Du Christ avec ardeur Jeanne baisait l'image ;
Ses longs cheveux épars flottaient au gré des vents :
Au pied de l'échafaud, sans changer de visage,
          Elle s'avançait à pas lents.
Tranquille, elle y monta ; quand, debout sur le faite,
Elle voit ce bûcher qui l'allait dévorer,
Les bourreaux en suspens, la flamme déjà prête ;
Sentant son cœur faillir, elle baissa la tête,
          Et se prit à pleurer.
          Ah ! pleure, fille infortunée !
          Ta jeunesse va se flétrir,
          Dans sa fleur trop tôt moissonnée !
          Adieu ! beau ciel, il faut mourir.
          Ainsi qu'une source affaiblie,
          Près du lieu même où naît son cours,
          Meurt en prodiguant ses secours
          Au berger qui passe et l'oublie ;
          Ainsi, dans l'âge des amours,
          Finit ta chaste destinée,
          Et tu péris abandonnée
          Par ceux dont tu sauvas les jours.
Tu ne reverras plus tes riantes montagnes,

Le temple, le hameau, les champs de Vaucouleurs,
     Et ta chaumière et tes compagnes,
Et ton père expirant sous le poids des douleurs.
Chevaliers, parmi vous qui combattra pour elle ?
N'osez-vous entreprendre une cause si belle ?
Quoi ! vous restez muets ! aucun ne sort des rangs !
Aucun pour la sauver ne descend dans la lice !
Puisqu'un forfait si noir les trouve indifférents,
     Tonnez, confondez l'injustice ;
Cieux, obscurcissez-vous de nuages épais ;
Éteignez sous leurs flots les feux du sacrifice,
     Ou guidez au lieu du supplice,
A défaut du tonnerre, un chevalier français.
Après quelques instants d'un horrible silence,
Tout à coup le feu brille, il s'irrite, il s'élance...
Le cœur de la guerrière alors s'est ranimé :
A travers les vapeurs d'une fumée ardente,
     Jeanne, encor menaçante,
Montre aux Anglais son bras à demi consumé.
     Pourquoi reculer d'épouvante,
     Anglais ? son bras est désarmé.
La flamme l'environne, et sa voix expirante
Murmure encore : « O France ! ô mon roi bien aimé ! »
Que faisait-il ce roi plongé dans la mollesse,
Tandis que le malheur réclamait son appui ?

. . . .

     Ah ! qu'une page si funeste
     De ce règne victorieux,
     Pour n'en pas obscurcir le reste,
S'efface sous les pleurs qui tombent de nos yeux !

Qu'un monument s'élève au lieu de ta naissance,
O toi, qui des vainqueurs renversas les projets !
La France y portera son deuil et ses regrets,
    Sa tardive reconnaissance ;
Elle y viendra gémir sous de jeunes cyprès :
Puissent croître avec eux ta gloire et sa puissance !
Que sur l'airain funèbre on grave des combats,
Des étendards anglais fuyant devant tes pas,
Dieu vengeant par tes mains la plus juste des causes.
Venez, jeunes beautés ; venez, braves soldats ;
Semez sur son tombeau les lauriers et les roses !
Qu'un jour le voyageur, en parcourant ces bois,
Cueille un rameau sacré, l'y dépose et s'écrie :
« A celle qui sauva le trône et la patrie,
« Et n'obtint qu'un tombeau pour prix de ses exploits ! »
Notre armée au cercueil eut mon premier hommage ;
Mon luth chante aujourd'hui les vertus d'un autre
                              [âge :

Ai-je trop présumé de ses faibles accents ?
    Pour célébrer tant de vaillance,
Sans doute il n'a rendu que des sons impuissants ;
Mais, poète et Français, j'aime à vanter la France.
Qu'elle accepte en tribut de périssables fleurs.
Malheureux de ces maux et fier de ces victoires,
Je dépose à ses pieds ma joie et mes douleurs :
    J'ai des chants pour toutes ses gloires,
    Des larmes pour tous ses malheurs.

CASIMIR DELAVIGNE.

TABLE DES MATIÈRES

MORCEAUX DE PROSE.

Pages.

POÉSIES.

Paris. — Soc. d'imp. PAUL DUPONT (Cl.) 249.3.85.

9 782016 176108